2022
湖北城市发展白皮书
White Paper of Hubei Cities Development of Year 2022

湖北日报　湖北省规划设计研究总院　世邦魏理仕 ｜ 编
中指研究院华中大区 ｜ 特别支持

华中科技大学出版社
http://press.hust.edu.cn
中国·武汉

图书在版编目（CIP）数据

2022 湖北城市发展白皮书 / 湖北日报，湖北省规划设计研究总院，世邦魏理仕编 . -- 武汉：华中科技大学出版社 , 2023.6
ISBN 978-7-5680-4656-5

Ⅰ . ① 2… Ⅱ . ①湖… ②湖… ③世… Ⅲ . ①城市发展－研究报告－湖北－ 2022 Ⅳ . ① F299.276.3

中国国家版本馆 CIP 数据核字 (2023) 第 106285 号

2022 湖北城市发展白皮书
2022 HUBEI CHENGSHI FAZHAN BAIPISHU

湖北日报　湖北省规划设计研究总院　世邦魏理仕 编

策划编辑：彭霞霞	
责任编辑：梁　任	
责任监印：朱　玢	
排版制作：张　靖	
图片合作：湖北日报稿库　视觉中国	
出版发行：华中科技大学出版社（中国·武汉）	电　话：（027）81321913
武汉市东湖新技术开发区华工科技园	邮　编：430223
印　　刷：湖北金港彩印有限公司	
开　　本：889mm×1194mm　1/16	
印　　张：4.5	
字　　数：128 千字	
版　　次：2023 年 6 月第 1 版第 1 次印刷	
定　　价：88.00 元	

本书若有印装质量问题，请向出版社营销中心调换
全国免费服务热线：400-6679-118　竭诚为您服务
版权所有　侵权必究

编委会成员

总策划 Chief Planner
张晓峰　　湖北日报传媒集团党委委员、副总编辑

监　制 Producers
吕　露　　湖北日报公共关系部主任
陈　涛　　湖北省规划设计研究总院院长
陈学海　　世邦魏理仕中国区战略顾问部负责人

统　筹 Coordinators
程　驰　　湖北日报公共关系部副主任
位　欣　　湖北省规划设计研究总院研创中心主任
田泽生　　世邦魏理仕战略顾问部武汉负责人

主　撰 Main Authors
乐　曲　　曹　栗

编　辑 Editors
刘晨阳　　黄婷婷　　吴　思　　郑　重　　吴　娱
唐　笑　　杜　雪　　冯　峰　　魏墨函　　舒　盼
李媛琪

运　营 Operators
骆小雨　　柳　响

湖北城市汇聚高质量发展澎湃动能

2022年，党的二十大胜利召开。新征程、新航段中，湖北向着建设全国构建新发展格局先行区迈稳第一步，交出了一份难中求成、殊为不易的答卷。

回望这一年走过的路，细数湖北近年来的变化，城市的空间格局、产业结构、发展质量，以及区域辐射力、国际影响力，亮点十足。其中，"高质量发展"成为主题；"韧性"则为城市品格写下生动注脚。

在新发展阶段，开放将成为最大变量，创新将成为最大动能，消费将成为最大潜力。所以，当又一本白皮书付梓面世的时刻，我们可以从中看到关于湖北空间格局、产业发展、商业发展、人才发展等多个维度的最新解读。在流域综合治理与统筹发展背景下，湖北建设全国构建新发展格局先行区；以"三大都市圈"引领、"三大发展带"支撑的理想空间结构为蓝本，"武鄂黄黄"和武汉新城建设步履不停，成势见效；"51020""965"现代产业体系动力轰鸣，奏响城市可持续发展更强乐章；鳞次栉比的楼宇商圈纳才吸金，蕴藏有城市活力的流量密码；新地标崛起，繁华灯火映照，激荡城市消费的一池春水；锚定更高远的未来，千万年轻人奔赴而来，坚定投了武汉一票……

新经济动能澎湃，新机遇持续释放，作为中部经济大省的湖北，正以踔厉奋发姿态，勇挑大梁、砥砺向新，接续奋斗、奋楫笃行。

"人民城市人民建，人民城市为人民"。江湖气魄、烟火升腾的湖北城市，更是幸福感满满的"人民城市"。

作为建设"人民城市"的重要参与力量，一大批优秀的地产开发企业紧扣时代脉搏，严防风险，稳中求进，在助力湖北城市更新向前和能级品质提升的征程中坚定向前。

湖北将着力践行习近平总书记"以人民为中心"的发展思想，努力建设宜业、宜居、宜乐、宜游的城市，让人民有更多获得感，为人民创造更加幸福的美好生活。

湖北日报

2023年4月

规划，与湖北共呼吸

湖北省是国家"中部崛起"战略的核心区域，也是中国较为重要的内陆省份。在过去的几十年中，湖北省以其优越的地理位置、丰厚的资源条件和良好的产业基础，经历了快速的经济发展和城市化进程。

规划作为推动城镇化发展、提高人居环境品质的重要政策工具，在这个过程中起到了非常重要的作用，规划理念与技术也在不断地成长。湖北的发展没有穷尽，省情的变化没有穷尽，适宜于湖北的规划演化也没有终结。

在高质量发展的城镇化"下半场"，在稳定的增长预期下，规划十分关注"预见未来"，让城市建设尽可能地满足增量功能需求。在存量经济主导的时代，在内外发展环境变化的复杂预期下，规划不仅要解决当下的问题，更要适应建设全国构建新发展格局先行区的要求，适应技术变革与形势变化对湖北省发展带来的挑战。

在当前的发展阶段，我们需要思考的问题很多：

如何展示文化自信？

如何实现科技自立自强？

如何增强区域发展韧性？

……

传统地域文化是一个地区经历了数代人的公共选择、历经数百年甚至数千年，所最终构成的文化底色，是一个地区发展最深厚的底蕴。从灿烂的长江流域史前文明，到丰富的荆楚文化，在岁月的变迁中沉淀积累的，是湖北省璀璨文明的基调。时至今日，湖北省厚重的文化积淀仍然需要在漫长的岁月中去传承和展示。

科技自立自强是国家强盛之基、安全之要。湖北省已经走到了需要创新驱动发展的阶段，如何围绕科技创新的战略安排，通过规划来实现面向创新发展的空间供给，已成为当前规划关注的重要议题。

在长江大保护总体要求下，湖北省需要更好地统筹保护与发展，夯实发展的根基，增强发展的安全性、稳定性，从而在各种可以预见和难以预见的狂风暴雨、惊涛骇浪中，辟路趋进、御风扬旌。

规划，与湖北省的命运紧紧相连。

回首过去、放眼当下，是为了更好地谱写未来。

愿我们能够与湖北一同展开一幅更强、更美、更精彩的未来画卷！

湖北省规划设计研究总院

2023 年 4 月

见证湖北构建新格局，绘就城市发展新蓝图

2022年是党的二十大召开之年，也是踏上全面建设社会主义现代化国家、向第二个百年奋斗目标进军新征程的开局之年。这一年，湖北经济持续稳定恢复，保持稳中向好、长期向好的发展态势。

"开局企稳、复元打平、再续精彩"是2021年底湖北省委经济工作会议中提到的年度经济发展目标。2022年，湖北经济在宏观政策加持、新旧动能转换、区域价值提升等多种有利条件的叠加下坚实前行。全省坚持稳字当头，全力以赴稳增长，大力推动中央稳经济一揽子政策和19项接续政策措施在湖北落地落实，湖北经济发展交出了一份"顶压前行，稳中向好"的亮眼答卷。

2022年，《武汉都市圈发展规划》发布，提出要加快建设以武鄂黄黄为核心的武汉都市圈，着力打造引领湖北、支撑中部、辐射全国、融入世界的重要增长极。《湖北省流域综合治理和统筹发展规划纲要》指出，湖北省的理想空间结构是在良好生态基础上，构筑起引领作用的"三大都市圈"（以武鄂黄黄为核心的武汉都市圈、襄阳都市圈、宜荆荆都市圈），共同增强中心城市及都市圈等经济发展优势区域的经济和人口承载能力，推进长江中游城市群协同发展。

2022年，基于"51020"现代产业体系框架，全省五大优势产业突破发展，引领夯实工业"大厦"，推动建立突破性发展五大优势产业专项工作机制，武汉光电子信息、"武襄十随"汽车两个集群入选国家先进制造业集群，生命健康、高端装备、北斗等产业加快发展，成为引领全省制造业转型升级和科技创新最坚实的顶梁柱。

2022年，全省社会消费品零售总额达22164.80亿元，比上年增长2.8%。居民消费意愿提升，消费总体回暖，消费市场稳步回升。全省多城市新开商业项目多点齐放，存量项目焕新升级成为去年商业项目的特点之一。多个大型品牌进一步下沉至地级市，商业活力的触角延伸至更大范围。

2022年，《湖北省人才发展"十四五"规划》发布，创建武汉国家级吸引和集聚人才的平台，支持襄阳、宜昌建设区域性人才创新发展平台，支持有条件的城市建设吸引和集聚人才的平台。多个部门发布系列文件，支撑建设新时代人才强省战略。全省住房保障政策落地践行，保障人口住房需求，提高人民群众居住生活品质。

《2022湖北城市发展白皮书》凝结了湖北日报、湖北省规划设计研究总院和世邦魏理仕研究人员的共同努力，从多个方面梳理展现湖北城市发展表现，记录下2022年这极不平凡的一年。作为湖北城市发展的见证者，愿以本书作为湖北高质量发展的注脚，为湖北献礼！

世邦魏理仕
2023年4月

Contents 目录

综述篇

湖北省省情综述
Overview of Hubei Province

湖北省宏观经济概述	13
湖北省空间格局概述	20

湖北省产业发展
Industrial Development of Hubei Province

湖北省产业发展格局	28
湖北省代表性突破产业发展概览	32
湖北省商务楼宇发展概况	33
湖北省商务楼宇发展动态	34

目录 Contents

湖北省商业发展
Commercial Development of Hubei Province

湖北省消费市场概述	39
湖北省重点城市商业消费市场概况	40
湖北省消费中心城市建设概况	45

湖北省人才发展
Talent Development of Hubei Province

湖北省人才留存现状分析	50
湖北省城市人才吸引力解析	54

湖北省住房发展
Housing Development of Hubei Province

湖北省住房发展现状	57
湖北省重点城市住房发展现状	60

年度话题

三大都市圈
Three Metropolitan Areas

都市圈概念解析	64
我国都市圈建设的主要进展	67
2022 年湖北省三大都市圈建设情况	68
湖北省三大都市圈发展趋势展望	71

综述篇

湖北省省情综述

湖北省宏观经济概述

2022年湖北省总体经济运行情况

■ 承压固稳，经济增长速度全国领先，中部经济引擎地位凸显

2022年，是党的二十大召开之年，是我国踏上全面建设社会主义现代化国家新征程、向第二个百年奋斗目标进军的重要一年，也是中国经济面临众多挑战与机遇的一年。经过前两年的蓄力复苏，2022年湖北省经济持续稳定恢复，保持稳中向好、长期向好的发展态势。

"开局企稳、复元打平、再续精彩"是2021年底湖北省委经济工作会议中提到的2022年经济发展目标。2022年，湖北经济在宏观政策加持、新旧动能转换、区域价值提升等多种有利条件的叠加下坚实前行。全省坚持稳字当头，全力以赴稳增长，大力推动中央稳经济一揽子政策和19条接续政策措施在湖北落地落实，湖北经济发展交出了一份"顶压前行，稳中向好"的亮眼答卷。

湖北省以自身确定性有效应对外部不确定性，经济展现强大韧性，增长速度在全国处于领先地位。2022年全省生产总值53734.92亿元，同比增长4.3%，继续稳居全国第7位，并稳步迈向5.5万亿元大关。其中，第一产业增加值4986.72亿元，增长3.8%；第二产业增加值21240.61亿元，增长6.6%；第三产业增加值27507.59亿元，增长2.7%。主要指标增速快于全国，全年全省规模以上工业增加值、固定资产投资、社会消费品零售总额、进出口总额分别增长7.0%、15.0%、2.8%和14.9%，分别高于全国平均水平3.4、9.9、3.0和7.2个百分点。

近年来，湖北GDP增速均高于全国平均水平，各项人均经济指标均处于中部领先地位，已成为无可替代的中部经济引擎。在长江经济带、长江中游城市群、中部崛起等多项国家战略赋能下，湖北作为中部经济发展引擎的实力、功能、作用进一步凸显，在引领支撑中部地区崛起中，开始发挥更大的作用。

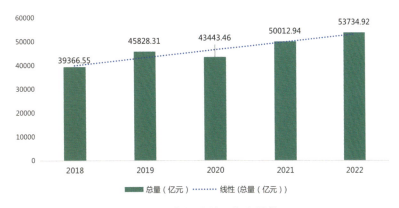

2018—2022年湖北地区生产总值

（数据来源：湖北省统计局）

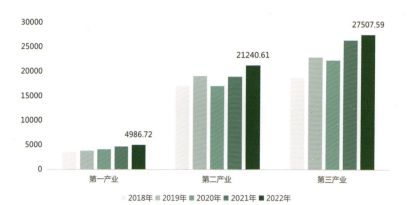

2018—2022 年湖北三大产业地区生产总值

（数据来源：湖北省统计局）

新旧动能转化促进工业稳中有进

■ 高技术制造业加力提速、引领增长，成为工业经济增长的亮点

2022 年湖北省规模以上工业增长 7.0%，高于全国平均水平 3.4 个百分点，稳居全国工业大省前列，圆满完成年初预定目标，有力发挥了稳住全省经济大盘"压舱石"的作用。

从三大门类看，采矿业增长 15.4%，制造业增长 6.6%，电力、热力、燃气及水生产和供应业增长 5.5%。从增长面看，41 个工业大类行业中，32 个行业实现正增长，增长面达 78%，其中 12 个行业实现两位数增长。市场培育成效明显，全省规模以上工业企业总量达 17526 家，同比新增 2368 家、净增 1257 家，均为近 5 年来新高。在第四批国家级专精特新"小巨人"企业评定中，全省新增 303 家，超过前三批总和，居全国第 6 位、中西部第 1 位。

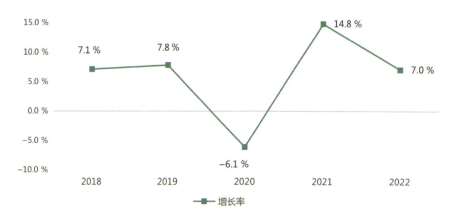

2018—2022 年湖北规模以上工业增长率

（数据来源：湖北省统计局）

新旧动能转换带动了湖北创新主体蓬勃发展，高技术制造业加力提速、引领增长，成为工业经济增长的亮点。以光芯屏端网等为代表的新兴产业释放赶超动能，汇成澎湃强劲新引擎。全省高技术制造业增长 21.7%，高于全省规模以上工业增速 14.7 个百分点，占规模以上工业比重达 12.1%，为近年来最高水平。其中计算机通信和其他电子设备制造业增长 26.2%，医药制造业增长 19.2%。液晶显示屏、新能源汽车产量分别增长 101.2%、98.0%。2022 年，全省规模以上工业实现营业收入 53789.9 亿元，同比增长 8.4%，总量居全国第 8 位。

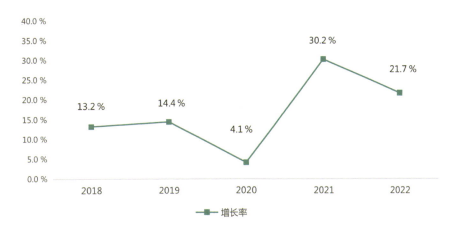

2018—2022 年湖北高技术制造业增长率

（数据来源：湖北省统计局）

营商环境优化促进固定资产投资快速增长

■ 固定资产投资快速增长，基础设施和制造业领域增势良好

2022 年湖北固定资产投资（不含农户）增长 15.0%，高于全国平均水平 9.9 个百分点，增速稳居全国第二，中部第一。在全省大抓基础设施建设的工作背景下，基础设施和制造业领域固定资产投资增势良好，一些基础设施投资布局已然成网、成链、成体系。

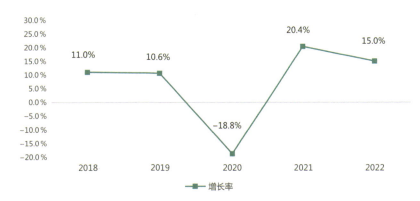

2018—2022 年湖北固定资产投资增长率

（数据来源：湖北省统计局）

分领域看，基础设施投资增长15.9%，其中铁路运输业投资增长34.4%，水利、环境和公共设施管理业投资增长27.0%；制造业投资增长23.2%，其中电气机械和器材制造业投资增长93.3%，化学原料及化学制品制造业投资增长36.2%，专用设备制造业投资增长42.1%；房地产开发投资增长0.8%。分产业看，第一产业投资增长15.5%，第二产业投资增长24.3%，第三产业投资增长9.8%。民间投资增长13.2%，占全部投资的比重为61.1%。

营商环境的持续改善是吸引投资的重要因素。2022年开年以来，重大项目集中开工活动在全省各地同步开展，每季度举行一次重大项目开工活动，在全省形成大抓项目的热潮。在项目建设的过程中，全省持续开展"解难题、稳增长、促发展"企业帮扶活动，为企业排忧解难。2022年全省开工建设亿元以上项目11377个，为历年最多，其中百亿元以上项目135个，再创新高。从全省各地集中签约、开工的项目来看，很多项目涉及新能源、新材料、智能装备、数字经济等高新产业，将有力推动我省产业提质、提效、提能级。

（资料来源：湖北省规划设计研究总院有限责任公司）

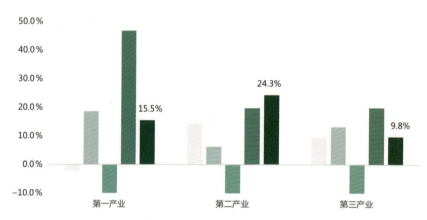

2018—2022年湖北三大产业固定资产投资增长率

（数据来源：湖北省统计局）

内需潜力释放促进消费市场稳步改善

■ 消费品市场稳步增长，消费提振效果明显

2022年湖北社会消费品零售总额22164.80亿元，比上年增长2.8%，高于全国平均水平3.0个百分点，通过锻造经济增长内生动力，实现消费品市场稳步增长。

从行业看，批发业、零售业、住宿业、餐饮业全口径销售额（营业额）分别增长10.4%、4.0%、5.3%、4.8%。基本生活类商品销售增长较快。限额以上单位粮油食品类、饮料类商品零售额分别增长17.7%、22.0%。出行类商品销售稳定增长。限额以上汽车类、石油及制品类零售额分别增长8.3%、16.4%。2022年湖北网络零售总额达3744.2亿元，增长7.2%。

湖北密集出台的促消费新政策、新举措在很大程度上振兴了消费市场，通过释放消费潜能、推动消费升级、发展消费载体等措施，以武汉为代表的国际消费中心城市，以襄阳、宜昌为代表的区域消费中心城市建设正在稳步推进。

2022年，武汉累计发放4.7亿元消费券，举办促消费活动超千场；武商梦时代等超大型购物中心相继开业，为市民游客提供购物休闲娱乐的新场所；汉口北等直播电商集聚区发展壮大，电子商务交易额突破1.5万亿元。

2023年的元旦假期，餐饮、商超、景区等消费场所有序恢复，"烟火气"持续升腾。

2018—2022年湖北社会消费品零售总额
（数据来源：湖北省统计局）

2018—2022年湖北网络零售总额
（数据来源：湖北省统计局）

强劲内生动力促进进出口快速增长

■ 外贸活力得到有效激发，贸易结构继续优化

2022年湖北进出口总额6170.8亿元，比上年增长14.9%，高于全国平均水平7.2个百分点，进出口总体增速、出口增速、进口增速均高于同期全国平均水平，外贸稳中向好的基础不断巩固。

其中，出口额4209.3亿元，增长20%；进口额1961.5亿元，增长5.4%。一般贸易进出口额4687.4亿元，增长20.7%，占全省进出口总额的76%，比上年提升3.7个百分点。民营企业进出口额3909.4亿元，增长20.1%，占全省进出口总额的63.4%，比上年提升2.7个百分点。

在外贸稳增长政策的促进下，外贸经营主体活力得到有效激发，民营企业进出口更加活跃。2022年，湖北省有进出口实绩的外贸企业数量达7962家，较去年同期增加683家。

除了贸易数量的增加，2022年湖北贸易质量也有提升，总体呈现贸易结构更加优化、外贸市场更加多元、区域更加平衡、商品更有价值的特征：一般贸易方式进出口总额4687.4亿元，增长20.7%，占湖北省进出口总额的76%；对东盟、欧盟、美国的进出口总额分别为982.1亿元、755.9亿元和674亿元。

其中，对东盟、欧盟的进出口总额增长了32.1%、8.8%，同期对"一带一路"沿线市场的进出口总额达1918.1亿元，增长33.7%；有16个市州进出口总额保持增长，除了武汉市，其他市州合计进出口总额2638.6亿元，占湖北省进出口总额的42.8%，占比较去年同期提升5.2个百分点；附加值更高的"两新一高"产品（即新材料、新能源、高技术装备）合计出口总额187.7亿元，增长59.2%，占湖北省出口总额的4.5%，占比较去年同期提升1.1个百分点。

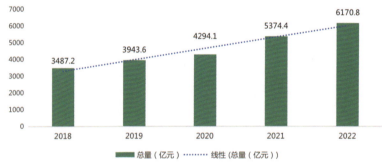

（数据来源：湖北省统计局）

（数据来源：湖北省统计局）

供需形势改善促进就业、收入双重回暖

■ 就业局势总体稳定，居民收入水平稳步增长

2022年湖北城镇新增就业人口91.65万人，完成全年预期目标的130.9%。全年全省农民工总量1554.3万人，比上年增加36.5万人，增长2.4%。全年全省全体居民人均可支配收入32914元，比上年增长6.8%。

就业与居民收入始终是关系民生的首要问题，通过大力实施就业优先政策，落实落细稳就业举措，2022年湖北就业局势总体稳定，居民收入水平稳步增长，城乡居民收入差距继续缩小。

随着经济的进一步复苏，就业市场也呈现"供需两旺"的态势。城镇调查失业率有所回落，12月，全省城镇调查失业率为5.5%，比11月下降0.1个百分点。本省、本地务工的倾向更加明显，本地农民工504.6万人，增长7.6%；外出农民工1049.7万人，增长0.1%。农民工待遇进一步得到提升，月均收入5251元，增长6.2%。

从收入来源看，全省全体居民工资性收入、经营净收入、财产净收入和转移净收入分别增长7.6%、5.4%、7.1%和6.1%。按常住地分，城镇居民人均可支配收入42626元，增长5.8%；农村居民人均可支配收入19709元，增长7.9%。城乡居民收入差距继续缩小，城乡居民人均可支配收入比值为2.16，比上年减少0.05。

2018—2022年
湖北城镇新增就业人口

（数据来源：湖北省统计局）

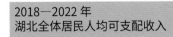
2018—2022年
湖北全体居民人均可支配收入

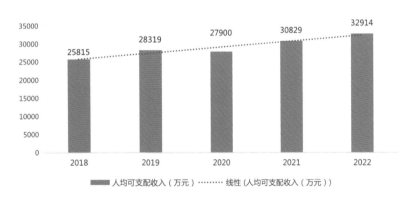

（数据来源：湖北省统计局）

湖北省空间格局概述

▌流域综合治理与统筹发展背景下，建设全国构建新发展格局先行区

■ "三大都市圈"引领、"三大发展带"支撑的理想空间结构

2022年，湖北所面临的发展环境是机遇与挑战并存。一方面，国内经济高质量发展持续推进，产业结构升级和经济转型已经步入关键时期；另一方面，在农业转移人口市民化进程、城镇化质量、扩大内需的主动力等方面，仍有较大上升空间。

未来五年是全面建设社会主义现代化国家开局的关键时期，中国共产党湖北省第十二次代表大会明确了建设全国构建新发展格局先行区的目标任务和实施路径。湖北有基础、有条件、有信心在探索促进全国构建新发展格局的有效路径中走在前列，由沿海开放的"后队"转变为新时代内陆发展的"前队"。

中心城市和都市圈是当今承载发展要素的主要空间形式，湖北要加快发展，就要着眼推进新型城镇化，加快形成都市圈、打造增长极。作为建设全国构建新发展格局先行区的行动纲领，《湖北省流域综合治理和统筹发展规划纲要》（以下简称《规划纲要》）提出以流域综合治理为基础推进四化同步发展，统筹发展和安全，统筹城乡区域和资源环境协调发展，以国土空间布局的有序促进发展的有序，推动经济社会发展战略与空间发展布局相适应、相统一，全面构建新发展格局。

《规划纲要》指出，湖北的理想空间结构是在良好生态基础上，构筑"三大都市圈"（以武鄂黄黄为核心的武汉都市圈、襄阳都市圈、宜荆荆都市圈）引领、"三大发展带"（沿江发展带、汉十发展带、襄荆宜发展带）支撑的空间结构，共同增强中心城市及都市圈等经济发展优势区域的经济和人口承载能力，推进长江中游城市群协同发展。湖北推进新型城镇化，其中一个重要目标就是要在"三大都市圈"引领的空间格局下，进一步协调生产、生活、生态空间的关系，持续缩小区域差距，打造更强的经济增长极。

湖北省产业园

Overview 综述篇

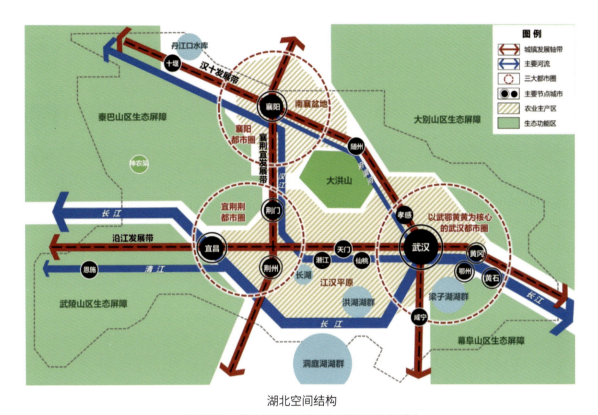

湖北空间结构

（图片来源：《湖北省流域综合治理和统筹发展规划纲要》）

以武鄂黄黄为核心的武汉都市圈

■ 打造引领湖北、支撑中部、辐射全国、融入世界的重要增长极

以武鄂黄黄为核心的武汉都市圈是湖北唯一的国家级都市圈，2022年12月，《武汉都市圈发展规划》成为继南京、福州、成都、长株潭、西安、重庆都市圈规划之后国家批复的第7个都市圈规划。

新的规划中，武汉都市圈进行了进一步聚焦，提出"武鄂黄黄一体化发展"的核心理念。作为武汉都市圈的核心区，武鄂黄黄包括武汉、鄂州、黄冈、黄石四个地市全域，国土面积3.22万平方千米，2022年常住人口约2300万人，占武汉都市圈约70%，地区生产总值约2.5万亿元，占武汉都市圈约80%。《规划纲要》提出要加快建设以武鄂黄黄为核心的武汉都市圈，着力打造引领湖北、支撑中部、辐射全国、融入世界的重要增长极。

■ 都市圈城镇空间布局：多中心、组团式

为疏解武汉中心城区过度集聚的人口与功能，以武鄂黄黄为核心的武汉都市圈已初步形成多中心、组团式的城镇空间布局，沿江环湖构建武汉新城组团、武昌组团、汉口组团、汉阳组团、汤逊湖组团、鄂州主城组团、黄冈主城组团、黄石—大冶组团（含黄石新港）8大城市组团。

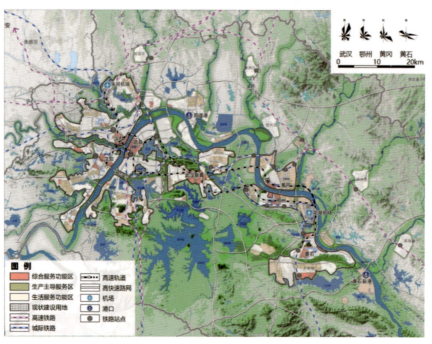

以武鄂黄黄为核心的武汉都市圈

(图片来源：《湖北省流域综合治理和统筹发展规划纲要》)

武汉新城组团：位于武汉、鄂州两地交界处，东至鄂咸高速，南至梁子湖，西至京广铁路，北至长江南岸。

武昌组团：西起长江，南、北、东3个方向以三环线为界。

汉口组团：东起长江，西至东西湖区新沟，南起汉江，北至天河机场、京汉铁路客专线。

汉阳组团：东起长江，西至蔡甸蔡甸街、常福，北起汉江，南至汉南纱帽。

汤逊湖组团：西起长江，东至武广铁路客专线，北起三环线和汤逊湖南岸，南至武汉绕城高速。

鄂州主城组团：北起长江，南至武汉黄石城际铁路，西起鄂州北站，东至花湖机场。

黄冈主城组团：西、南以长江为界，北至武汉黄冈城际铁路，东至巴水。

黄石—大冶组团(含黄石新港)：北起黄石长江大桥西，南至大冶湖，西起大广高速西侧黄石临空区(远期向保安湖片区拓展)，东至黄石新港。

Overview 综述篇

■ **武汉都市圈重点建设项目：武汉新城与花湖机场**

武汉新城

武汉新城位于武鄂黄黄地区的地理中心，区位优势明显，自然人文资源丰富，人口增长动力强劲，科技创新优势显著，新兴产业基础雄厚，协同发展空间较大，是武鄂黄黄地区发展活力强、潜力大的重要地区，具备引领武汉都市圈高质量发展的良好基础。作为武鄂黄黄城市中心和武汉都市圈的高质量发展主引擎，武汉新城将努力打造"两高地、两中心、一样板"，即世界级科技创新策源高地、国家战略性新兴产业高地、全国科创金融中心、国际交往中心、中国式现代化宜居湿地城市样板。

花湖机场地处长江经济带与丝绸之路经济带战略交汇处，长江黄金水道与京广铁路大动脉十字交汇点，1.5h飞行圈覆盖中国五大国家级城市群，辐射中国90%的经济总量、80%的人口，致力于打造世界级航空物流枢纽。以花湖机场建设为契机，着力提升鄂州、黄冈、黄石城市功能，坚持产城融合，培育发展鄂州、黄冈、黄石三大临空产业片区，构筑全国临空经济发展新高地。优化鄂州城市空间，建设花湖机场综合保税区、自由贸易区和临空产业园区；提升黄冈中心城区综合服务功能和能级；提升黄石城市功能，发挥黄石新港航运优势，加强与武汉港口合作、与花湖机场协同，完善铁、水、公、空多式联运交通运输体系，共同建设长江中游航运中心。

花湖机场

襄阳都市圈

■ 打造引领汉江流域、辐射南襄盆地的核心增长极

襄阳都市圈是一个处于起步发育阶段的都市圈，考虑到襄阳与周边城市发展联系愈发紧密，《规划纲要》提出将原襄阳市区、南漳县城、宜城市区组成的襄阳都市圈扩充至襄城区、樊城区、襄州区、老河口市、枣阳市、宜城市、南漳县、谷城县、保康县、丹江口市共10个地区共同构建，国土面积2.07万平方千米，2022年常住人口超过600万，地区生产总值超过6000亿。

作为襄（襄阳）十（十堰）随（随州）神（神农架）城市群的核心发展区，《规划纲要》提出要加快推进襄阳都市圈建设，着力打造引领汉江流域、辐射南襄盆地的核心增长极。

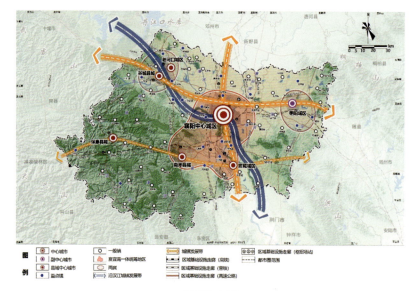

襄阳都市圈

（图片来源：《湖北省流域综合治理和统筹发展规划纲要》）

■ 都市圈城镇空间布局：一体、两翼

一体： 中部推动襄阳中心城区与宜城、南漳一体化发展。
西翼： 打造丹河谷城市组群。
东翼： 以枣阳为核心，联动周边小城镇协调发展。

■ 都市圈重点建设项目：东津新区

打造区域综合服务新中心，强化枢纽和产业的互动发展，优化提升襄北公铁联运枢纽和小河港多式联运枢纽。

襄阳东津新区效果图

宜荆荆都市圈

■ 长江中上游的重要增长极

宜荆荆都市圈是一个处于起步阶段的成长型都市圈，考虑到宜昌、荆州和荆门的交通一体化和产业紧密度逐渐提升，《规划纲要》提出将宜昌都市圈扩大至西陵区、伍家岗区、点军区、猇亭区、夷陵区、宜都市、当阳市、枝江市、远安县、秭归县、荆州区、沙市区、松滋市、公安县、江陵县、东宝区、掇刀区、钟祥市、京山市、沙洋县共 20 个地区，国土面积 3.26 万平方千米，2022 年常住人口接近 900 万，地区生产总值超过 8500 亿。

作为宜（宜昌）荆（荆州）荆（荆门）恩（恩施）城市群的核心发展区，《规划纲要》提出要加快推进宜荆荆都市圈建设，着力打造长江中上游的重要增长极。

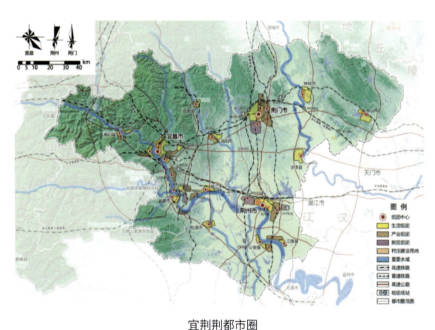

宜荆荆都市圈

(图片来源：《湖北省流域综合治理和统筹发展规划纲要》)

■ 都市圈城镇空间布局：沿廊道组团串珠式

一轴： 长江城镇发展主轴。

两带： 荆（荆门）宜（宜昌）恩（恩施）城镇发展带、荆（荆州）荆（荆门）城镇发展带。

四组群： 沿江都市协同组团、宜（宜昌）荆（荆门）都市协同组团、荆（荆州）荆（荆门）都市协同组团、荆（荆州）江（江陵）公（公安）都市协同组团。

■都市圈重点建设项目：宜昌东部未来城—猇亭组合新城、荆州临港经济区、荆门漳河新区高铁新城

宜昌东部未来城—猇亭组合新城：打造全国性综合交通枢纽和港口型国家物流枢纽；做强产业集群，强化区域产业分工协作，加强创新驱动，形成沿江产业发展的重要引擎。

荆州临港经济区：打造长江中游先进制造业主战场、全国大宗商品多式联运集散枢纽承载区、国际国内双循环重要节点、宜荆荆都市圈港产城融合示范区。

荆门漳河新区高铁新城：建设双喜核心区，打造市级文化旅游和现代农业示范区，环漳河水库建设5A级漳河风景区，把漳河新区建设成为荆门城市新中心。

东部未来城总体效果图

湖北省产业发展

湖北省产业发展格局

湖北省产业发展体系

■ "三大都市圈"引领,"三大发展带"支撑的理想空间结构

《中共中央、国务院关于新时代推动中部地区高质量发展的意见》中,将"坚持创新发展,构建以先进制造业为支撑的现代产业体系"摆在了首位。湖北作为制造业大省,在中国共产党湖北省第十一届委员会第九次全体会议上首次提出构建"51020"现代产业体系,即5个万亿级支柱产业、10个五千亿级优势产业、20个千亿级特色产业集群。

在2022年湖北省政府举行的院士专家座谈会上,湖北省政府相关领导表示,打造"51020"现代产业集群,是省委、省政府深刻研判科技和产业发展趋势、深入分析省情实际、着眼厚植湖北发展优势做出的重大部署,是事关湖北长远发展的战略之举。要切实增强责任感、使命感、紧迫感,加快推动现代产业集群建设成势见效。

5 个 万亿级支柱产业

1. 新一代信息技术(光芯屏端网)
2. 汽车制造
3. 现代化工及能源
4. 大健康
5. 现代农产品加工

10 个五千亿级优势产业

1. 高端装备
2. 先进材料
3. 节能环保
4. 现代纺织
5. 绿色建材
6. 低碳冶金
7. 现代金融
8. 现代物流
9. 研发设计和科技服务
10. 商务服务

20 个千亿级特色产业集群

先进制造业集群
  1. 新能源与智能网联汽车
  2. 新能源
  3. 北斗及应用
  4. 航空航天
  5. 高技术船舶与海洋工程装备
  6. 高端数控装备
  7. 轨道交通装备
  8. 智能制造装备
  9. 智能家电
  10. 安全应急
战略性新兴产业集群
  1. 光通信及激光
  2. 集成电路
  3. 新型显示
  4. 智能终端
  5. 信息网络
  6. 软件及信息服务
  7. 人工智能
  8. 电子信息材料
  9. 生物医药及医疗器械
  10. 数字创意

湖北省重点城市产业发展格局

武汉未来科技城

■ 武汉市"965"现代产业体系

"965"现代产业体系是武汉顺应科技革命和产业变革大势,结合本地实际,着力构建的以战略性新兴产业为引领、先进制造业为支撑、现代服务业为主体的现代产业体系。

九大支柱产业

"光芯屏端网"新一代信息技术
汽车制造和服务
大健康和生物技术
高端装备和先进基础材料
智能建造
商贸物流
绿色环保
文化旅游
现代金融

六大新兴产业

网络安全
航空航天
空天信息
人工智能
数字创意
氢能

五大未来产业

电磁能
量子科技
超级计算
脑科学和类脑科学
深地深海深空

■ 襄阳市"8+8+8"产业体系

根据《襄阳市国民经济和社会发展第十四个五年规划和二〇三五年远景目标纲要》，襄阳市呈现"8+8+8"的产业布局。

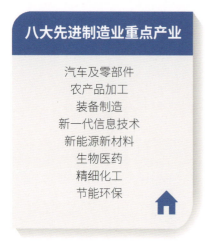

八大先进制造业重点产业
- 汽车及零部件
- 农产品加工
- 装备制造
- 新一代信息技术
- 新能源新材料
- 生物医药
- 精细化工
- 节能环保

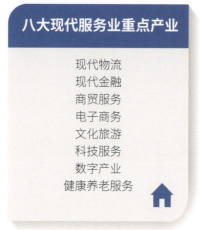

八大现代服务业重点产业
- 现代物流
- 现代金融
- 商贸服务
- 电子商务
- 文化旅游
- 科技服务
- 数字产业
- 健康养老服务

八大现代农业特色产业
- 粮油
- 襄茶
- 水产养殖
- 现代畜牧
- 食用菌
- 林果药
- 牛肉面
- 休闲农业与乡村旅游

■ 宜昌市"5+7+5"产业体系

根据《宜昌市国民经济和社会发展第十四个五年规划和二〇三五年远景目标纲要》，宜昌市呈现"5+7+5"的产业布局。

5个传统产业
- 精细化工
- 装备制造
- 食品饮料
- 绿色建材
- 轻工纺织

7个战略性新兴产业
- 生物医药
- 新材料
- 航空航天
- 清洁能源
- 新一代电子信息技术
- 智能及新能源汽车
- 节能环保

5个现代服务业
- 大文旅
- 大物流
- 大健康
- 大数据
- 大金融

（资料来源：《武汉市国民经济和社会发展第十四个五年规划和二〇三五年远景目标纲要》《襄阳市国民经济和社会发展第十四个五年规划和二〇三五年远景目标纲要》《宜昌市国民经济和社会发展第十四个五年规划和二〇三五年远景目标纲要》）

湖北省产业促进发展政策及措施

■ 强化实体产业链与创新链、供应链高效融合,加速稳固制造业强省发展定位

湖北锚定汽车制造、光电子信息等先进制造业集群,强化产业链,打造质量高、韧性强的供应链平台,加快建设制造业强省。

《湖北省突破性发展光电子信息产业三年行动方案(2022—2024年)》提出,到2024年,全省以光电子信息为特色的电子信息产业规模力争突破万亿元。

《湖北省突破性发展高端装备产业三年行动方案(2023—2025年)》提出,到2025年,全省高端装备产业规模达到5500亿元。

《湖北省突破性发展新能源与智能网联汽车产业三年行动方案(2022—2024年)》提出,到2024年,湖北汽车产业产值跨越万亿台阶,其中新能源汽车产业产值突破3000亿元。

湖北配套创新链,鼓励龙头企业成立产业创新中心,培养科技小巨人等创新企业梯队,建链、补链、强链。

其中,湖北围绕北斗产业集群打造的创新链具有较强竞争优势,《湖北省突破性发展北斗产业三年行动方案(2023—2025年)》提出,到2025年,着力把湖北打造成为全球北斗高端人才集聚地、全国北斗原始创新策源地、全国北斗规模化应用先行地和全国北斗产业发展高地。

在此背景下,湖北将继续培育光电子信息、新能源与智能网联汽车、高端装备等重点产业,建设世界级产业集群,全面推进新型工业化。

东风车厂

湖北省代表性突破产业发展概览

《湖北省突破性发展北斗产业三年行动方案（2023—2035年）》

01 场景应用目标
①到 2025 年，形成智慧交通、智慧水利、智慧自然资源、智慧城市、智慧农业 5 个全国北斗行业标配应用标杆；
②北斗各类终端产品配备每年新增百万台（套）以上；
③将武汉打造成为全球北斗全方位规模应用示范城市；
④将襄阳、宜昌打造成为全国北斗规模应用先行城市。

02 产业规模目标
①实现北斗产业规模"一年强基、两年加速、三年突破"；
②力争 2023 年达到 650 亿元；2024 年达到 800 亿元；2025 年达到 1000 亿元；
③"十四五"末产业规模占全国比重达 10%。

03 创新能力目标
①争创空天信息领域国家实验室或国家实验室在鄂重要基地；
②争取打造北斗领域国家工程研究中心、国家技术创新中心、国家制造业创新中心、国家企业技术中心等；
③高能级创新平台 10 个；
④突破关键领域核心技术 10 项以上；
⑤新增北斗领域院士 2~3 名。

04 市场主体目标
①打造 1~2 家规模超过 50 亿元的领军企业；
②打造 5 家以上规模超过 10 亿元的龙头企业；
③培育 8 家本土北斗上市企业；
④培育一批北斗细分领域"专精特新"和"单项冠军"企业；招引一批北斗相关领域企业入驻湖北。

（资料来源：《湖北省突破性发展北斗产业三年行动方案》（2023—2025））

湖北省商务楼宇发展概况

■ **湖北省商务楼宇发展格局新变化，楼宇经济版图持续扩张**

湖北省自2022年以来，楼宇经济加速发展，楼宇经济转向由单点引领向多点开花的发展格局，武汉市、襄阳市、宜昌市迈向提质提速发展的阶段。宜昌市正重点发展伍家岗十里滨江商务区，襄阳市也提出大力发展生产性服务业和楼宇经济。

湖北省以武汉为引领，襄阳、宜昌副中心城市逐渐发力，形成一主引领、多点开花的格局。

湖北省楼宇经济处于蓬勃发展阶段，武汉市楼宇经济已初具规模并持续向好，襄阳市和宜昌市作为省域副中心城市，楼宇经济发展处于起步阶段。

襄阳市以樊城区诸葛亮广场为核心，形成商务楼宇集聚区。宜昌市沿伍家岗滨江带发展楼宇经济。

■ **武汉市楼宇经济版图持续扩大，形成"一核两带多组团"的空间格局**

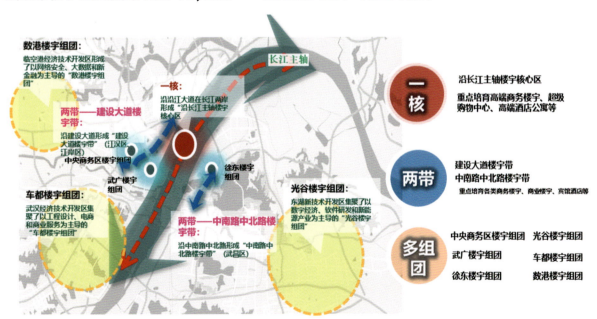

武汉"一核两带多组团"的空间格局

湖北省商务楼宇发展动态

湖北省重点城市商务楼宇发展动态——武汉市

武汉市的"武昌区楼宇园区化发展打造'立起来'的科创园区"和"江岸区楼宇集群特色化发展打造'立起来'的开发区"两大亮点举措,标志着武汉楼宇进入特色化发展的新征程。

■ 楼宇园区化

2022年,武昌区举行数字经济产业高质量发展"黄鹤楼星空"计划发布暨首期数字经济产业园开园仪式,武汉数创大厦数字经济产业园正式开园,作为武昌首个"立起来"的科技园区,标志着武昌区楼宇园区化发展取得了新突破。

■ 楼宇特色化

江岸区打造5大特色楼宇集群,促进现代服务业集聚发展,加速同行业资源要素聚集共享,最大化发挥楼宇集群效应。

"黄鹤楼星空"计划聚焦四大重点任务,具体内容如下。

(1)构建有支撑力的空间布局,构建"一谷一廊多带"数字科创产业空间布局和集聚生态,"一谷"即中科·武大智谷,"一廊"即滨江数创走廊,"多带"即环高校创新经济带。

(2)健全有吸引力的政策体系,实施"繁星、亮星、新星、明星"计划,每年计划安排1亿元资金。

(3)完善有包容度的金融环境,建立招投一体、投贷联动机制,设立规模50亿元的武昌科创母基金。

(4)打造有影响力的活动品牌,致力于为企业聚人气、聚财气、聚商机,组织筹办黄鹤楼星空系列活动,营造武昌数字科创产业发展浓厚氛围。

"黄鹤楼星空"计划

Overview 综述篇

1. 打造武汉天地国际商务集群——以中信泰富大厦、环球智慧中心、平安金融中心等6座楼宇为核心，全力打造国际化、品牌化、高端化的武汉天地国际商圈，重点引进境内外大公司、大企业区域性总部和知名中介机构、销售中心、研发中心。

2. 打造建设大道金融产业带集群——以浙商大厦、武银大厦、民生银行大厦等12座楼宇为核心，建设金融机构更加集聚、金融服务更加高效、金融创新更加活跃、金融生态更加和谐的区域性金融中心。

3. 打造汉口历史文化风貌街区文创集群——以平和打包厂、大智无界、界立方等10座楼宇为主体，加快推进历史街区保护修缮、景观提升、里份腾退，聚焦发展大文化产业，实施"文化+"战略，促进文化、科技、金融、旅游、时尚产业融合发展。

4. 打造长江左岸创意设计集群——以水利部长江水利委员会大楼、中国市政工程中南设计研究总院大厦、中信建筑设计研究总院大楼等10座楼宇为主体，联手法国"设计之都"圣埃蒂安设计联盟、中国武汉工程设计产业联盟，围绕创意设计、城市设计产业主题，打造领先中部地区、国内一流、国际知名的长江左岸创意设计城。

5. 打造滨江商务区国际总部集群——以周大福金融中心、滨江国际金融中心、国华中心、中信泰富滨江金融城、泰康在线总部大厦等20座楼宇为主体，集中打造展现历史文化风貌、现代都市景观、生态宜居功能的国际企业总部型商务集群。

建设大道

武汉天地

平和打包厂

湖北省重点城市商务楼宇发展动态——襄阳市

襄阳市楼宇经济发展顺应城市发展需求，在核心城区以诸葛亮广场为核心，形成襄阳市中心城区成熟商务区，未来襄阳市新商务区建设以庞公片区为切入点，重点发展产业端客户，促进襄阳楼宇经济发展。

■ 成熟片区商务楼宇焕新升级

2022年，樊城区提出了一系列"向空间要效益"的举措，迅速制定工作方案，摸清底数、找准路径，实现政府、业主、市场主体同向发力，加快打造一批楼宇样板，实现楼宇经济发展的新突破。

为顺应新经济、新业态发展，樊城区积极引入楚行文化传媒、北盛网络科技、酷娱网络科技等在互联网直播、软件定制开发、电竞游戏等新业态经济领域发展势头强劲的企业，不断深化楼宇经济内涵。樊城区以产业链攻坚行动为契机，建立大数据产业链工作专班，为企业送去"智库"指导、政策宣讲、银企对接、专业讲座等，助力企业走精明增长、聪明发展之路。

通过旧城改造和老工业厂房更新，天元四季城、泛悦 Mall、绿地铂骊金街等城市综合体相继建成运营；建设路 21 号、建设汉江文创园等废弃旧厂房变身网红打卡地，成为探索产业新业态、商业新模式和赋能新文旅、新消费的重要平台；滨江商务带、酷娱数字产业园等一批新兴楼宇项目建设如火如荼，樊城区正焕发出新生机。

■ 积极培育发展新兴片区商务生态

2022 年庞公街道以中心城区蝶变为切入点，以庞公滨江生态商务新区为平台，以"链长制"为抓手，着力围绕产业链招商，紧盯世界五百强、中国五百强，力争招才引智、招高引新、招大引强，追求高端品质，始终秉持创新驱动，可持续、生态协调发展，为庞公生态商务新区注入新鲜活力。

根据庞公新区的城市定位，突出延伸现代服务产业链。统筹谋划好城市综合体、商业步行街等各类中高端消费载体，擦亮"大虾一条街""唐城夜市"名片，唱响"不夜襄城"品牌。围绕亚洲心脏病医院、卓尔集团、正大集团、金地集团、武商集团等知名企业，大力发展总部经济和楼宇经济。积极培育数字经济、金融保险、人工智能、电商及新能源、新业态。

湖北省重点城市商务楼宇发展动态——宜昌市

宜昌市在同类城市中,率先出台扶持政策,通过打造伍家岗十里滨江商务楼宇经济带,形成示范效应。

■ 宜昌市楼宇经济发展引领区——伍家岗楼宇概览

伍家岗区共有商务楼宇23栋,总建筑面积102.9万平方米,已建成投入运营19栋,建成待运营2栋,在建2栋。拔地而起的楼宇集群,正逐渐成长为都市茂盛的"空中经济森林"。

■ 宜昌市2022年首次出台楼宇经济发展政策

扶持方向:鼓励楼宇招商引资、安商稳商、提质强商。

■ 宜昌市伍家岗区发布楼宇经济奖励政策

伍家岗区成立了"楼宇经济高质量发展指挥部",由常务副区长担任指挥长,各相关职能部门、街乡主要负责人任成员,构筑起楼宇经济发展的"四梁八柱"。同时健全服务体系,大力推行"楼长制",以服务专班开展组团服务,积极对接帮包楼宇,了解入驻企业现状,分析空置率和具体原因,确定楼宇未来发展方向,合力推进楼宇经济发展。

经过对全区21栋楼宇的摸底调研,结合上海、杭州等城市先进经验,伍家岗出台了《伍家岗区促进楼宇经济高质量发展奖励办法》,用含金量更高的奖励政策为稳定税源、招商引资、产业集聚、人才吸引等方面提供有力支撑。

湖北宜昌市高楼

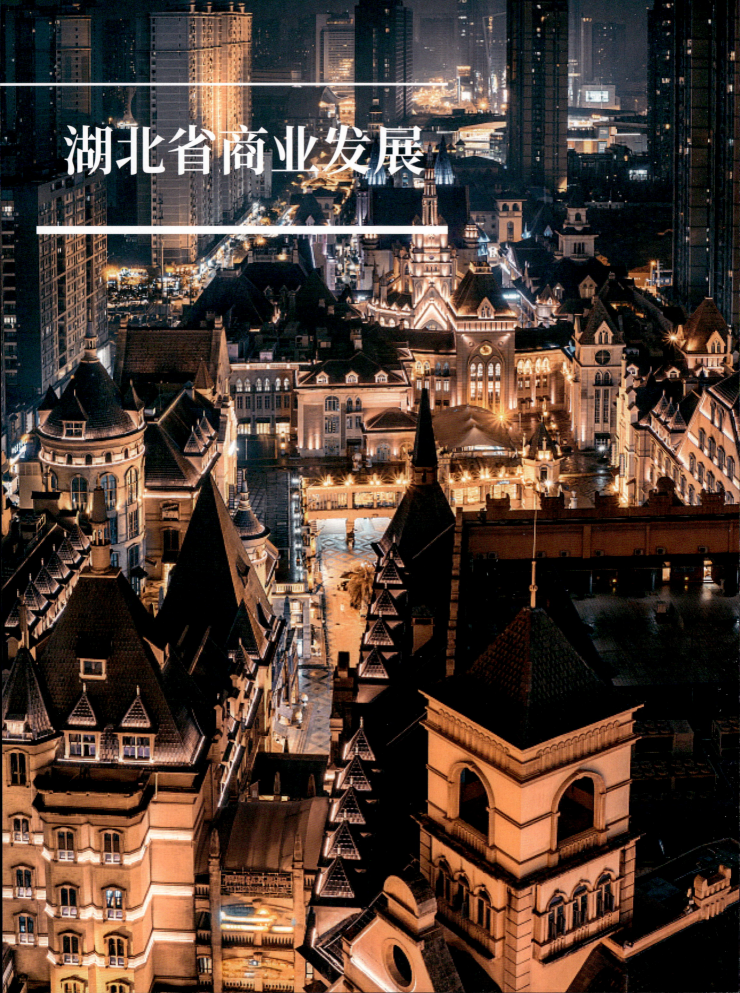

湖北省商业发展

湖北省消费市场概述

■ **CPI 涨幅平稳，习惯性消费加速回归**

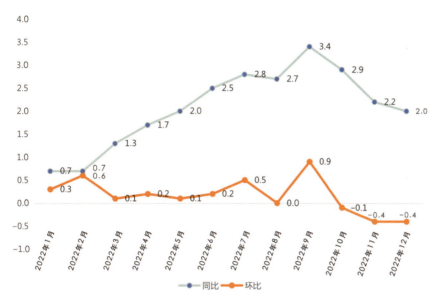

2022 年湖北省居民消费价格总指数
（数据来源：湖北省统计局）

2022 年湖北省居民消费价格水平较去年上涨 2.1%，12 月涨幅回落，下半年涨幅收窄。

■ **居民消费意愿提升，消费总体回暖**

2017—2022 年湖北省社会消费品零售总额
（数据来源：湖北省统计局）

湖北 2022 年消费市场稳步回升，基本生活类和升级类商品零售增长较快。

全年全省社会消费品零售总额 22164.80 亿元，比上年增长 2.8%。从行业看，批发业、零售业、住宿业、餐饮业全口径销售额（营业额）分别增长 10.4%、4.0%、5.3%、4.8%。基本生活类商品销售增长较快。限额以上单位粮油食品类、饮料类商品零售额分别增长 17.7%、22.0%。出行类商品销售稳定增长。限额以上汽车类、石油及制品类零售额分别增长 8.3%、16.4%。网上零售额达 3744.2 亿元，增长 7.2%。

湖北省重点城市商业消费市场概况

2022年湖北省新入市商业地标盘点

2022年湖北省重点城市新入市商业地标项目一览

序号	城市能级	城市	所在区域	项目名称	建筑面积/万平方米	开业时间
1	省会城市	武汉	洪山区	武汉大悦城	14.0	2022年1月
2		武汉	江岸区	武汉万象城	19.0	2022年5月
3		武汉	武昌区	武汉梦时代广场	80.0	2022年11月
4		武汉	洪山区	龙湖武汉白沙天街	13.6	2022年11月
5		武汉	江汉区	武汉国金天地	12.0	2022年12月
6		武汉	洪山区	武汉洪山万科广场	11.0	2022年12月
7		武汉	汉阳区	武汉方圆荟	21.3	2022年12月
8		武汉	洪山区	武汉中商·世界里	12.0	2022年12月
9	地级市	鄂州	鄂城区	鄂州吾悦广场	9.0	2022年10月
10		恩施	恩施市	恩施星河COCO City	12.6	2022年5月
11		黄石	大冶市	黄石大冶万达广场	13.0	2022年11月
12		黄石	大冶市	黄石大冶吾悦广场	10.0	2022年12月
13		宜昌	西陵区	宜昌吾悦广场	10.0	2022年9月
14		黄冈	浠水县	浠水润达国际购物中心	15.0	2022年5月

（消费地标筛选标准：知名开发商/运营商；集中式商业建筑面积大于80000m^2，以市域（及以上）/区域作为辐射范围。）

■ 焕新升级——存量时代新方向

2022年筹开的一批存量改造项目中，万达接盘存量项目武汉泛海城市广场，并改造自持物业的万达电影乐园；武汉方圆荟以轻资产方式接手武汉海宁皮革城；本土武汉亚蓝道商业管理有限公司、武汉中商商业管理有限公司等企业均有入局。

盘活存量项目，逐渐成为房企商业地产管理输出模式的扩张方式之一，随着存量改造项目增加，未来这一趋势将更加明显。

原项目	焕新后
武汉泛海城市广场	武汉范湖万达广场
武汉海宁皮革城	武汉方圆荟
武汉万达电影乐园	武汉汉街万达广场
武胜路皇后广场	武汉隆太广场 T.park
麦德龙洪山商场	武汉 M·环球中心
光谷国际广场	武汉 Q-BOX 购物中心
新世界百货（汉江路店）	武汉潮流盒子 X118
武汉鲁港广场	武汉中商·世界里（光谷）

■ 连锁商业地产产品线下沉地级市

2022年，连锁商业地产产品线在湖北呈现下沉地级市的趋势。吾悦广场、方圆荟、万达广场等均落地三四线城市，且布局在城市中心或副中心区；此外，除方圆荟体量较小外，其余体量均在10万平方米左右，有向城市级商业体迈进的潜力。

武汉市新入市商业地标盘点

武汉消费地标和优质商业项目

武汉市商业消费市场概况

2022 年，武汉零售物业市场共迎来五个全新项目开业，以及一个改造项目焕新重新开业，新增供应 87.8 万平方米。

武汉商圈分布

总存量 7668000 m²

首层平均租金 311.1 元 /（m²·月）

空置率 10.3%

武汉商圈概况

商圈		市场存量 /m²	首层平均租金 /[元/（m²·月）]	空置率/（%）
核心商圈	航空路	833000	644.0	8.8
	中南中北路	426000	341.0	11.8
非核心商圈	江汉路	335000	591.7	20.2
	徐东大街	130000	250.0	5.1
	街道口	653000	355.7	3.7
	中国光谷	616000	324.0	7.4
	钟家村	128000	138.0	5.7
	王家湾	401000	198.2	16.0
	永清	243000	303.7	10.2
全市		7668000	311.1	10.3

（注：因非核心商圈较多，表中未全部列出。）

■ 新增供应突破近八年最高值

2022 年，武汉零售物业市场围绕"新增项目"与"存量改造"双线并行，共迎来武汉大悦城、武汉万象城、武汉梦时代广场、龙湖武汉白沙天街和洪山万科广场五个全新项目开业，以及武汉中商·世界里（光谷）完成改造焕新重新开业，年内武汉销品茂闭店升级改造。全年新增供应共计 87.8 万平方米，推动全市零售物业体量上升至 767 万平方米，同比上升 8.1%。

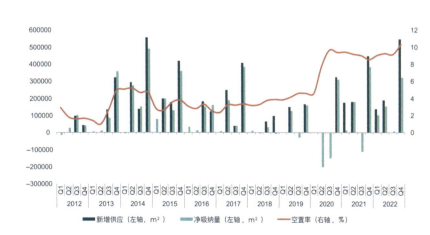

2012—2022 年武汉零售物业市场供应与需求情况

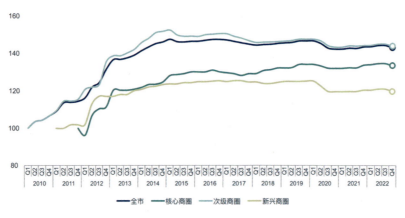

2010—2022 年武汉零售物业市场租金走势（按区域市场）

（注：对于全市租金指数，2010 年的 Q1 数值为 100；对于核心商圈租金指数，2011 年的 Q4 数值为 100；对于次级商圈租金指数，2010 年的 Q1 数值为 100；对于新兴商圈租金指数，2011 年的 Q1 数值为 100。）

■ 优质项目持续入市

2023 年武汉零售物业市场预计会迎来超过 60 万平方米新项目开业，其中近五成位于核心商圈。随着相关政策的刺激，商业活力重现，全市租金有望止跌企稳。2023 年，武汉将把恢复和扩大消费放在优先位置，加快建设国际消费中心城市，计划建设 22 个"一刻钟便民生活圈"，助力实体消费提振。

武汉市 2022 年商业消费市场呈现多品类、全方位发展的特征。消费者日益丰富的消费偏好，催生了多样化的消费需求，原先小众、垂直的品类进入大众视野。从消费者的角度出发，建设和打造"一刻钟便民生活圈"，为武汉市商业消费市场增添了一抹暖色。

2023—2026 年武汉零售物业市场供应与需求展望

湖北省消费中心城市建设概况

武汉争创国际消费中心城市

■ 2022年主要城市社会消费品零售总额TOP10

2022年主要城市社会消费品零售总额TOP10

排名	城市	2022年社会消费品零售总额/亿元	同比
1	上海	16442.14	－9.10%
2	重庆	13900	－0.30%
3	北京	13794.2	－7.20%
4	广州	10298.15	1.70%
5	深圳	9708.28	2.20%
6	成都	9096.5	－1.70%
7	苏州	9010.7	－0.20%
8	南京	7832.41	－0.80%
9	杭州	7294	5.80%
10	武汉	6936.20	2.1%

■ 2022福布斯中国消费活力城市排名发布，武汉位列第九

福布斯中国以消费活跃度、商业成熟度、交通便捷度、政策支持度、国际认可度五大维度为核心洞察点，研究国内主要城市的消费活力。武汉作为传统的商业重镇，位居本次榜单的第九名。

2022年6月13日，《武汉市加快消费恢复提振若干措施》出台，为加快推进武汉消费经济实力提供了强有力的政策支持。

武汉城市消费活力日益突显，在相关权威榜单和消费数据指标层面皆表现出强劲实力，同时政策端不断加持，多维助力城市商业消费增长。

2022 福布斯中国消费活力城市

排名	城市	排名	城市
1	北京	11	南京
2	上海	12	西安
3	重庆	13	天津
4	广州	14	宁波
5	深圳	15	沈阳
6	成都	16	合肥
7	杭州	17	佛山
8	苏州	18	青岛
9	武汉	19	郑州
10	长沙	20	东莞

■ 武汉争创国际消费中心城市优势

交通枢纽地位日益凸显
除传统水陆码头外，新增设武汉新港、沿江高铁武宜段等交通要塞，地理区位优势明显，有利于扩大消费需求。

人口消费潜力强劲
截至 2021 年末，武汉常住人口达 1365 万人，较 2020 年增加 120 万人，增量位居全国第一。2022 福布斯中国消费活力城市榜单位列全国第九，消费潜力强劲。

社会消费品零售总额持续领跑
2022 年，武汉社会消费品零售总额达 6936.20 亿元，同比增长 2.1%，在全国十强城市中表现亮眼，且持续领跑中部城市群。

■ 武汉争创国际消费中心城市策略和建议

01 建设独具特色的国际消费滨水生态绿城
彰显长江、汉江和东西山系构成的山水景观"十"字轴特色，丰富、弘扬城市文化内涵，将城市特色转化为消费亮点，满足全客群高品质、个性化的消费需求。

02 关注"首店"经济，加速集聚国际消费新资源
消除影响优质商业和品牌资源进入武汉的潜在壁垒，进一步推动消费市场的稳步发展，迎首店来客，为武汉消费者带来更丰富的消费体验，提升武汉的时尚度和影响力。

03 营造消费新场景，对外打响武汉在地文化特色
在消费场景营造上，积极探索将"在地特色"与"国际特色"相融合的发展模式，通过科技化手段，打造"夜上黄鹤楼"等特色沉浸式消费新场景，向世界展示"武汉特色"。

04 数字赋能，培育国际消费新兴业态
依托武汉建设新港空港综合保税区，打造华中区域最大跨境电商服务基地，以"互联网+服务"等线上服务新业态逐步壮大新型消费业态市场主体。

(资料来源：CBRE《建设国际消费中心城市致胜策略》)

襄阳、宜昌建设区域消费中心城市

■ 襄阳市推进区域消费中心城市建设

❖ 建设目标
①到 2024 年，建设成为引领襄十随神城市群，承接"四大城市群"毗邻地区，辐射汉江流域的高端消费中心、购物体验中心、商品集散中心。
②培育形成 2 个以上具有区域影响力的核心商圈和旅游示范区，8 个（条）以上智慧商圈和街区，2 个以上知名节会（赛事）品牌。
③社会消费品零售总额超过 2600 亿元，总量居湖北省前列，区域消费中心城市示范效应基本显现。

❖ 主要任务
①搭建消费平台：建设高品质消费载体，完善便民消费设施，构建多领域消费格局。
②提升消费品质：引进知名消费品牌，培育本土消费品牌，发展特色消费品牌。
③创新消费业态：推动线上与线下消费融合发展，推动传统与新兴消费融合发展，推动城乡消费融合发展。
④拓展消费市场：健全县乡消费市场，拓展区域消费市场，开拓国际消费市场。
⑤优化消费环境：优化消费服务环境，完善消费监管机制，强化消费发展支撑。

❖ 保障措施
①加强组织领导，成立由市政府主要领导任组长，市政府分管领导任副组长，各县（市、区）政府、开发区管委会和市直相关单位主要负责同志为成员的市建设区域消费中心城市领导小组，领导小组办公室设在市商务局。
②强化统筹协调，建立重点项目推进机制，加强协调配合，形成工作合力，加快推进区域消费中心城市建设。
③注重宣传引导，加大宣传力度，加强建设区域性消费中心城市相关政策宣传解读和经验推广，在全市范围内凝聚发展共识。

■ 宜昌市推进区域消费中心城市建设

❖ 建设目标
①到 2023 年，全市社会消费品零售总额突破 2000 亿元，社会消费品零售总额和人均水平居全省前列。
②建设商业消费集聚中心，到 2023 年，形成 1 个市级核心商圈，9 个以上区域商圈；打造消费业态创新中心，在巩固传统消费的基础上，努力扩大健康养老、教育医疗、5G 智能终端等服务消费。
③建设商旅文体融合发展的示范中心，每年举办各类型展会 100 场次以上，体育赛事 100 场次以上。到 2023 年，全市年接待旅游人数达到 1 亿人次，文化旅游产业年收入达到 1400 亿元。

❖ 主要任务
①提升传统消费：打造一个全省领先的城市商业中心，建成一批城市生活中心，完善一刻钟社区商业服务功能，加强综合、专业市场建设，加快特色商业街区建设。
②发展新兴消费：促进夜间消费，扩大进口消费，发展首店经济，助推网红经济，探索买手经济和体验经济。
③促进商旅文体融合发展：创新会展消费，推进旅游消费，拓展文体消费，提升康养消费。
④大力培育优强市场主体：加大商贸领域龙头企业培育力度，加大限额以上骨干企业培育力度，加大招商引资力度。
⑤扩大县乡消费：壮大县城消费，激活乡村消费，推进电商快递进村全覆盖。

❖ 保障措施
①强化组织领导，成立宜昌市加快建设区域性消费中心城市领导小组，由市政府主要负责同志任组长，分管负责同志任副组长，市级有关部门负责同志为成员，统筹规划和组织协调区域性消费中心城市建设。
②强化政策支持，建立区域性消费中心建设引导资金，重点支持业态创新、项目引进、品牌创建、城市试点、街区建设等。
③强化环境保障，贯彻落实省、市关于优化营商环境的工作要求，加快建设市场化、法治化、国际化、便利化营商环境，当好"无事不扰、有求必应"的"金牌店小二"。

（资料来源：《襄阳市推进区域消费中心城市建设三年行动方案（2022—2024 年）》《宜昌市加快建设区域性消费中心三年行动计划（2021—2023 年）》）

湖北省人才发展

湖北省人才留存现状分析

■ 多元举措持续发力建设人才聚集高地与创新高地

十年树木，百年树人，人才培育需要久久为功。人才培育离不开载体平台的建设，2022年年初，湖北省委人才工作领导小组印发了《湖北省人才发展"十四五"规划》，重点对建设"1+2+N"人才创新发展平台作出具体部署，打造一流大学和科研院所、重大科研创新平台、高水平新型研发机构、人才引领型企业等高能级人才赋能平台，进一步发挥平台载体对人才、项目、技术的吸引集聚作用，加快打造人才集聚高地和创新高地。

❖ 高标准打造"1+2+N"人才创新发展平台，赋能人才发展

打造三个层次人才创新发展平台，即打造"1+2+N"人才创新发展平台，分别是创建武汉国家级吸引和集聚人才的平台，支持襄阳、宜昌建设区域性人才创新发展平台，支持有条件的城市建设吸引和集聚人才的平台。

❖ 以多元工作体系全方位保障人才计划实施

构建五个工作体系，即健全党委统一领导，组织部门牵头抓总，职能部门各司其职，密切配合，社会力量广泛参与的组织领导体系；实施"楚天英才计划"，构建以战略科学家、科技领军人才、青年科技人才、卓越工程师为重点的队伍建设体系；构筑涵盖学科教育、战略科技、产业创新、功能服务的赋能平台体系；完善识才、引才、育才、用才的政策制度体系；建立强化团结引领、解除后顾之忧、营造文化氛围、加强精神激励的服务保障体系。

❖ 七大重点工程助力人才强省路径建设

实施七大工程，即人才发展平台建设提能工程、战略人才力量"十百千万"领航工程、人才培养强基工程、高层次人才延揽工程、人才发展体制机制"八项改革"工程、产才融合发展"六个一"工程、人才发展生态"四个优化"工程，形成人才强省建设路径支撑。

■ "1+4"人才政策，支撑建设新时代人才强省战略

❖ "1+4"人才政策，勾勒未来十年人才工作蓝图

中央和湖北省委人才工作会议后，湖北省委组织部会同有关部门共同谋划起草"1+4"人才政策文件。

"1"是湖北省委、湖北省政府2022年印发的《关于加强和改进新时代人才工作的实施意见》，对湖北省2025年、2030年、2035年三个阶段人才工作提出了目标任务；"4"是湖北省委组织部联合湖北省委编办、湖北省科技厅、湖北省人社厅起草的4份配套文件。

《关于加强和改进新时代人才工作的实施意见》的主要内容是"五个高"，具体如下。

①高标准打造"1+2+N"人才创新发展平台，提出加快建设武汉国家级吸引和集聚人才的平台，跻身国家"3+N"人才中心和创新高地战略布局。推进襄阳、宜昌和其他具有比较优势的城市建设人才创新发展平台，加快形成人才事业蓬勃发展的重要节点和雁阵格局。

②高效率推动人才发展体制机制改革，从人才管理、评价、流动、科技成果转化、科研经费管理等方面提出系列改革措施。

③高质量培养、集聚科技创新主力军，着力打造以战略科学家、科技领军人才和高水平创新团队、青年科技人才、卓越工程师等为重点的科技创新主力军。

④高层次参与国际人才交流，使更多智慧资源、创新要素为湖北所用。

⑤高水平开展人才自主培养，提出发挥高校人才培养主阵地作用、加快培养基础研究拔尖人才等政策措施。

此外，文件还特别强调要加强党对人才工作的全面领导，提升人才服务效能，优先保障人才投入等。

❖ 四部门多维度打造人才保障政策矩阵，促进人才引入和创新发展

①湖北省委组织部起草的《关于支持战略科技人才后备力量的若干措施》，重点提出搭建院士交流平台，赋予更大自主权、决定权、支配权，改进科研管理制度等10条措施。

②湖北省委编办起草的《湖北省高层次人才专项事业编制管理办法》，重点提出通过设立专项事业编制全职引进高层次人才等系列措施。

③湖北省科技厅起草的《关于强化科技平台支撑壮大科技创新主力军的若干措施》，重点提出支持战略科学家领衔重大创新平台、优化重点实验室体系、支持创新型企业建设高水平研发机构等6条措施。

④湖北省人社厅起草的《关于深化人才流动评价激励机制改革激发人才创新活力的若干措施》，重点提出完善人才资源共建共享模式、建立人才特殊调配机制、创新重点领域人才评价等6条措施。

■ 全年就业形势稳定，超额完成目标任务

❖ 就业完成率全国第一，积极落实落细就业政策

全年就业形势基本稳定，全省城镇新增就业 93.77 万人，完成全年目标的 131%，完成率居全国第一。

2022 年末，全省城镇登记失业率为 2.99%。2022 年，湖北省落实落细就业优先政策，打出"降、缓、返、补、扩"组合拳，为企业拨付稳岗返还资金 18.82 亿元、缓缴社保费 32 亿元，"真金白银"支持企业稳住岗位。助力重点项目投产达产，湖北省开展保用工促就业行动，帮助 3560 家企业（项目）招工 29.81 万人；助力人力资源高效配置，湖北省建成 9 家人力资源服务产业园，服务机构超 4000 家，行业规模居中部第一；助力市场主体发展壮大，湖北省发放创业担保贷款 9.7 万笔，共 249 亿元，连续 11 年实施大学生创业扶持项目，出台支持返乡创业新 10 条政策，新增返乡创业 6 万人。

❖ "才聚荆楚"工程形成政策矩阵，使得大量人才留鄂、来鄂

政策矩阵联动效应发挥作用，新增 42.4 万高校毕业生留鄂、来鄂就业（或创业）；全省规范建成 427 家"零工驿站"，上线微信小程序，发布求职招工信息 29.45 万条，日均服务近万人灵活就业，以"小切口"服务"大民生"。

■ 全省各市齐力做好新时代人才工作，加快打造重要人才中心

武汉　持续做优做强人才留汉计划

2022 年度"武汉英才计划"集中举荐申报公告对外发布，据统计，该计划自 2010 年组织实施以来，已累计认定支持 2249 名人才，聚焦科技前沿、产业升级和城市未来，大力引进海内外高层次人才，一大批处于国内乃至国际领先地位的先进技术、高端项目落户武汉。

在"武汉英才计划"的磁吸效应下，1.4 万名高端人才在武汉引领创新。2022 年，武汉加大人才引进支持，给予战略科技人才 100 万元奖励资金、产业领军人才 50 万元资助资金、优秀青年人才最高 20 万元项目资助。2022 年度认定支持国家和省市级高端人才 700 多人，引进海外优秀人才 2000 多人。

襄阳　创新引领拓宽人才就业渠道

2022 年新引进高水平创新创业团队 70 个，全职工作博士、硕士 1600 名，同比增长 50%，新增就业、创业大学生 2.86 万名，完成省下达任务的 130%，入选湖北省青年拔尖人才、湖北省科技创新战略团队数量在全省名列前茅。

宜昌　建立常态化人才吸引机制

宜昌全市开展"才聚荆楚""千企百校行"等各类线上、线下招聘活动 500 余场。线上建立常态化人才招聘云平台，开展"百日千万网络招聘"专项行动、"宜荆荆恩"区域网络招聘活动及高校线上双选会等，接收简历 10 万余份，达成意向 3.3 万余人。

Overview 综述篇

黄石　创新建立离岸科创园引才机制

2022年以来，黄石市深入实施"才聚荆楚·智汇黄石"工程，结合印制电路板、铜精深加工、高端装备等12条重点产业链人才需求，编制并发布《2022年黄石市重点产业链紧缺人才需求目录》，率先在武汉、上海建设离岸科创飞地，探索"引才在外地、用才在黄石"的创新模式。以黄石科技城、大学科技园等科技园区为载体，广泛开展招才引智活动。

咸宁　针对性引入紧缺领域高层次人才，激发创新创业活力

深入实施"南鄂英才计划"，连续五年开展"南鄂英才"及创新创业项目评审，吸引一大批国内外"双创"精英报名参评，全市共评定20名"南鄂英才"和高层次人才项目，落实项目扶持资金2237.95万元，成功引进国家重大人才工程、高层次人才特殊支持计划、重大科技奖项入选者5人，有力推动了大健康、电子信息、装备制造等重点产业转型升级，激发了各领域人才创新创业活力。

十堰　全方位政策保障优秀人才留堰

为吸引更多优秀人才落户十堰、扎根十堰、深耕十堰，十堰市密集出台了一系列突破性的招才引才政策，从薪酬待遇、人才津贴、住房保障等15个方面，给予人才全方位的保障。

深入实施"3万名大学生留（回）堰计划"，大学生留（回）堰31225人，是2021年大学生留（回）堰总数的4.4倍。

"就在武汉·硚首以盼"武汉市硚口区2022年度校园行系列招聘活动在湖北大学举行

湖北省城市人才吸引力解析

■ 武汉城市人才吸引力解析

❖ 落户武汉几乎无门槛，保障性政策落实到位

从"百万大学生留汉工程"实施以来，武汉不断降低大学生落户门槛，无论是本科还是专科，只要在40周岁之内，凭大学毕业证即可登记落户，博士、硕士则不受年龄限制。与此同时，武汉解决人才的安居问题也切实可行，在武汉出台的人才新政中明确，为大学毕业生提供拎包入住的人才公寓；同时，大学毕业生能以低于市场价20%的价格买到安居房，以低于市场价20%的价格租到房。

对于创新创业人才，武汉还有额外的资金及政策支持，通过安排专项资金支持孵化器、大学生创业特区等众创孵化平台建设，以及聘请知名企业家作为"招才顾问"和"招才大使"等措施，极大地提升了各类人才留汉工作、就业的热情。

❖ 产业环境持续优化，留才基石进一步强化

产业和人才从来都是互为影响的关系，人才推动产业发展，产业吸引人才聚集。在数字经济浪潮下，各大城市都把布局数字经济作为城市发展的新引擎。作为国家级集成电路产业基地，武汉在数字经济的赛道上有着天然的优势，人才和产业的良性互动正在这条赛道上形成。《武汉企业发展报告（2020）》显示，已经有60多家知名企业总部或"第二总部"落户武汉，推动着武汉产业与人才双向奔赴的进程。

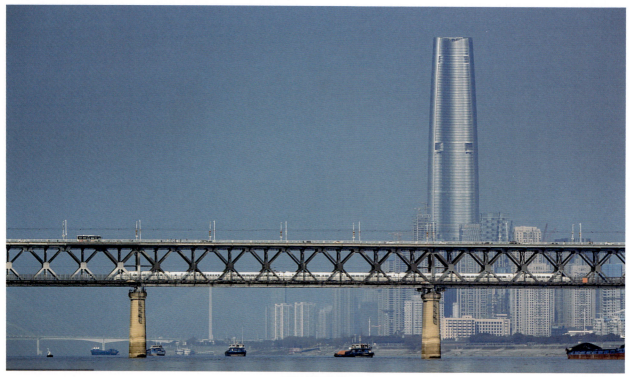

武汉长江大桥

Overview 综述篇

■ 襄阳城市人才吸引力解析

❖ 各项人才、住房等政策落地，促进人才无负担落户襄阳

襄阳陆续出台"襄七条"、购房人才补贴、公积金各项新政策等一系列利好政策，刺激襄阳市场。

2022年3月30日，襄阳举办《关于加快发展保障性租赁住房的实施意见》政策解读会议。作为湖北省发展保障性租赁住房的6个重点城市之一，"十四五"期间，襄阳市计划筹集保障性租赁住房1.3万套（间），其中，2022年首批符合政策的6个项目共计3145套已经全部开工。

❖ 针对性提升人才与产业的适配度，精准招才引智

围绕产业链招才引智，襄阳收集1101个高端人才需求，编制"引才地图"，襄阳市领导担任13条先进制造业和10条现代农业产业链的链长，带队到粤港澳大湾区、长三角、京津冀等地"双招双引"，举办"资智回襄"恳谈会，委托专业机构推荐产业领军人才。

比亚迪襄阳产业园是襄阳新能源汽车产业引进的大项目，一期项目人才需求6000人，市、区两级成立服务专班，组织在襄阳高校、人力资源公司与其对接揽才。襄阳是湖北省万亿级汽车工业走廊上的重要节点，校地、校企频频合作。武汉理工大学已与襄阳企业共建研究生工作站85家，近300名研究生活跃在企业研发中心。湖北汽车工业学院襄阳产学研基地规模逐步扩大，2022年6月，首批500多名毕业生中近30%留襄就业。

同时，襄阳打造人才服务综合平台，打通了民政部、住房和城乡建设部、人力资源和社会保障部、教育部等6个部门的20多个数据接口，使人才落户襄阳的人才驿站、人才公寓、生活补贴、购房补贴均能"掌上办"。从举办专家人才早餐会，到开展"人才服务月"活动，从发布襄阳市人才政策服务清单，到人才补贴由之前的工作满一年后按年发放调整为来襄入职后按月发放，襄阳的招才政策精准解决人才的后顾之忧，方使人才进得来、留得住。

■ 宜昌城市人才吸引力解析

❖ 全面放开城市（城镇）落户，促进人才人口稳步增长

宜昌落户政策如下：实行城市（城镇）落户登记管理；大中专毕业生来宜直接落户；保留大中专院校录取入学、入伍公民户籍；无户口人员登记户口；设立企（事）业单位集体户或社区集体户；鼓励人才家属随迁落户。

❖ 扩大发展空间，创造就业机会，激活吸引人才"原动力"

2022年，宜昌地区生产总值达到5502.69亿元，同比增长5.5%，占全省GDP的10.23%，GDP增量480亿元，名义增速9.56%。

宜昌加快建设绿色化工、生物医药、新一代信息技术、清洁能源、装备制造、建筑建材、现代特色农业等产业集群；同时，加大生产性服务业和生活性服务业引进培育力度，为人才就业创业提供了肥沃土壤。

湖北省住房发展

湖北省住房发展现状

01 交出"向难而进、难中求成"的答卷

2022年,为促进房地产市场平稳健康发展,切实保交楼、保民生、保稳定,房地产政策在坚持"房住不炒"的定位下,国家部委实施积极的房地产金融政策和住房信贷政策,满足房地产企业合理融资需求、支持刚性和改善性住房需求;促进保障性租赁住房供给,推动房地产业向新发展模式平稳过渡。

对此,湖北省坚决贯彻落实中央"疫情要防住、经济要稳住、发展要安全"的重要要求,各地政府因城施策、多措并举支持合理住房消费,多数城市优化限购限贷政策、下调首付比例和贷款利率下限等,降低居民购房门槛和成本,交出了迎难而上、难中求成的发展答卷,为加快建设全国构建新发展格局先行区做出了新贡献。

02 市场成交

2022年湖北省商品房销售面积6385万平方米,销售金额5413亿元。其中,商品住宅销售面积5709万平方米,销售金额4821亿元。

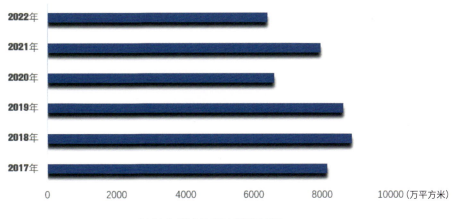

2022年湖北商品房销售面积

03 工作推进

湖北率先推动绿色金融支持绿色建筑产业发展,全省新开工装配式建筑突破3800万平方米。重点推进一批民生保障项目,2022年,湖北省17个市州、60个县(市)积极推进试点工作,累计收购房源44576套,分配28148套,为解决新市民、青年等群体住房困难问题提供了新路径。

稳步推进保障性安居工程,湖北省开工(筹集)保障性租赁住房6.96万套,开工棚户区改造3.64万套。全年开工城镇老旧小区改造3248个,开工率居全国前列。同时,有效提升住房公积金保障能力,新增归集住房公积金1039亿元,支持住房消费总额1068亿元,实现"双千亿"目标。

04 保租房探索

(1) 从中央到地方,加速推进"保租房"政策。

党的二十大报告提出"加快建立多主体供给、多渠道保障、租购并举的住房制度",为房地产市场平稳健康发展和完善住房保障体系指明方向。着力增强保障性住房供应,将更好地满足人民群众的基本住房需求,更好增进民生福祉,提高人民的居住生活品质。

2022年,湖北省先后出台《关于加快解决从事基本公共服务人员住房困难问题的实施意见》《关于进一步做好解决从事基本公共服务人员住房困难问题试点有关工作的通知》等系列政策文件,加快解决新市民、青年人特别是从事基本公共服务人员等群体的住房困难问题,推动实现"住有所居"。

(2) 践行国企担当,答好租购并举"湖北答卷"。

作为省属大型国有控股公司,湖北联投深入贯彻湖北省委、省政府赋予的"三全三商"功能定位,着眼湖北所需、联投所能、群众所盼、未来所向,于2022年2月率先成立全国首家省级保租房建设运营管理平台——湖北省住房保障建设管理有限公司(以下简称"省保租房公司"),以创建全国保租房"投、建、管、运"一体化示范标杆为目标,积极探索保租房建设新模式、新路径。

"十四五"期间,湖北重点城市预计建设筹集保障性租赁住房约31.03万套(间),其中武汉市25万套(间)。对此,省保租房公司积极行动,围绕湖北省发展保障性租赁住房的六大重点城市及产业发展集聚区,以职住平衡为出发点,针对产业园区及周边企业、高等院校、公共服务行业的住房困难群体、新市民、青年人等,至2022年底已多渠道筹划八批次共33个项目,建成后可实现1.7万套保障性租赁住房供应。"十四五"期间,省保租房公司将力争实现保障性租赁住房在建在管面积达200万平方米。

联投芯中心社区实景图

①坚持"为青年筑城"逻辑,打造"住有宜居"新样板。在充分调研了解不同群体住房需求的基础上,省保租房公司梳理出适合不同群体所需的房型、面积、家具、家电配置,建立"一张床""一间屋""一套房"的多层次租赁住房供应体系;搭建"安居湖北"智慧公寓管理平台,新市民、青年人可"一键直达",完成可视化选房和全流程网上租房;打造运营核心竞争力,完善便捷配套、细化服务标准,让入住人群都能感受到"家的温暖"。

②坚持"未来社区"理念,共同缔造城市新生活。针对青年租友归属感、幸福感、认同感缺失的问题,省保租房公司致力于探索基于共同缔造理念的租赁社区治理新模式,让租友"声音被听到、需求有回应、持续可参与、生活有期待"。省保租房公司按照场景化思路,打造共享客厅、共享食堂、书吧、影院等服务枢纽,组建运动、电竞、萌宠等兴趣圈,开展生活展览、美食休闲、团圆年俗等社群活动,让新市民、青年人走出门、走下楼,为他们提供社交栖息点、价值共创地、能量加油站。

③坚持"房住不炒"基调,探索"租购并举"新模式。对于经济条件有限的新市民、青年人,特别是从事基本公共服务业人群,省保租房公司可以提供优质的保租房过渡,租金仅为同地段房源租金的70%,符合条件的更可实现免押金入住,通过"一张床"解决"有房住"的安居问题。同时,湖北省保租房的一大亮点在于探索实施"先租后售"新政,5年后根据个人意愿可购买保租房部分或全部产权,5年租金直接抵扣购房款,让大家实现"有好房住"的乐居梦想,帮助更多城市新市民省心安家、温馨筑梦,用心、用情书写好租购并举的"湖北答卷"。

新奕家项目效果图

联投新青年社区实景图

05 城建投资

2022年湖北省建筑业发展创历史新高，总产值达2.1万亿元，同比增长11%，总量居全国第4位，增速居全国前列。

其中，全省完成城建投资4058亿元，同比增长56.1%；全年完成房地产开发投资6172亿元，同比增长0.8%，增幅居全国第3位。分产业看，第一产业投资增长15.5%，第二产业投资增长24.3%，第三产业投资增长9.8%。民间投资增长13.2%，占全部投资的比重为61.1%。

湖北省将抢抓国家政策窗口期，谋划实施一批城市综合交通、人居环境整治以及新基建等项目，打造宜居韧性智慧城市，坚决守牢流域安全底线要求，统筹"三大都市圈"建设，助推武汉新城建设，推进基础设施互联互通、公共服务共建共享，走出城乡建设生态优先、绿色崛起新路。

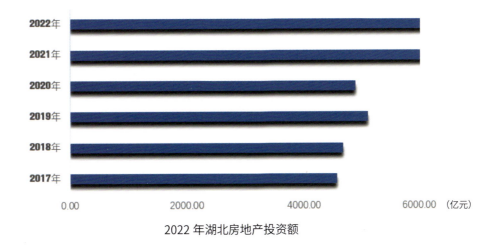

2022年湖北房地产投资额

06 2023年展望

2023年，湖北住建领域计划完成投资12000亿元，同比增长10%以上，2023年建筑业总产值计划突破2.2万亿。12000亿元投资包括房地产开发投资6350亿元，增长3%；城建投资4600亿元，增长15%；村镇建设投资237亿元，增长15%；保障性租赁住房和棚户区改造投资425亿元，增长70%；等等。

湖北省住房和城乡建设工作会议明确了湖北今后五年在健全住房保障体系、改善城乡人居环境、增强城市功能、推进城市全生命周期管理、擦亮建筑业品牌、释放行业活力、提升统筹安全和发展能力七个方面的目标，谋项目、抓投资、增信心，促进房地产业平稳发展。

2023年，湖北将加快完善住房保障体系，筹集保障性租赁住房10万套，改造棚户区住房4.8万套，改造老旧小区4000个以上，改造农村危房5000户以上。

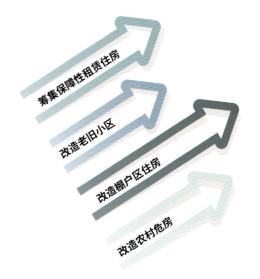

湖北省重点城市住房发展现状

武汉住房发展现状

01 武汉土地市场

2022年，武汉主动缩减土地出让量，从源头上"稳地价、稳房价、稳预期"，把3次供地调整为6次出让，采取少量加推模式，增加城区优质中小地块出让，提高房地产企业投资积极性，第四季度土地市场逐步回稳。

2022年，武汉土地出让金933.7亿元（住宅、商办、工业全口径）。总体来说，以底价成交为主，地方平台、国企、央企成为主力，拿地金额占比超过8成，保证了土地市场稳定，武汉城建集团、联投置业等表现积极，外来央企出手踊跃。

其中，住宅用地推出面积993万平方米，成交面积876万平方米，下半年供地速度加快，供需规模降幅较上半年有所收窄。

2018—2022年武汉住宅用地推出面积与成交面积

（数据来源：CREIS）

02 武汉住宅市场

截至2022年12月，武汉新建商品住宅可售存量合计1787万平方米，降至年内第三位，同比减少13%；出清周期为15.6个月，在连续3月增加后首次回落。

2022年，基于市场发展实际，武汉出台了多项房地产支持政策，包括预售资金监管优化、房贷利率下降、二套房首付降低、二环外限购解禁、二手房带押过户等，有效稳定了楼市发展。2022年12月，武汉举办线上房交会，配套一系列宽松政策，有效释放了市场需求。

2017—2022年武汉市商品住宅供应成交情况

（数据来源：中国指数研究院）

宜昌住房发展现状

01 宏观经济与政策

宜昌市发布服务业发展三年攻坚计划：为衔接宜昌市服务业"十四五"规划"2024 年全市服务业增加值 3300 亿元，占 GDP 比重 50%"的总体目标，2022 年 1 月 5 日，宜昌市服务业发展领导小组办公室发布了《宜昌市突破性发展服务业三年攻坚计划（2022—2024 年）》和《宜昌市服务业发展奖励补贴办法》，助力全市服务业高质量发展。

02 市场交易情况

2022 年，宜昌土地成交 136 宗，土地成交面积约合 1142 万平方米，成交金额约 139.6 亿元；土地供应 138 宗，供应面积约合 953 万平方米，流拍 4 宗，终止 8 宗。

2022 年，宜昌六区商品住宅共成交 13723 套，成交均价 7953 元 / m²。六区内，夷陵区与伍家岗区成交套数基本持平。由于唐家湾片区持续受购房者关注，加上宜昌中心紫宸府住宅面市吸引不少资金充足的客户，西陵区热度依旧。

襄阳住房发展现状

01 市场政策

2022 年 6 月 12 日，襄阳市住建局等八部门联合发布《关于做好促进城区房地产业健康发展工作的通知》，提出 7 条措施，促进房地产市场平稳健康发展。该文件规定，简化套数认定，实行"认贷不认房"；首套房首付款比例由不低于 30% 调整为不低于 20%，二套房首付款比例由不低于 50% 调整为不低于 30%。

02 市场成交

2022 年襄阳市全年推出住宅、商办用地总建筑面积 492 万平方米，成交建筑面积 243.51 万平方米。出让金方面，2022 年全年住宅、商办用地出让金总额 80 亿元。

2022 年襄阳市商品房成交 21002 套，成交面积 243.51 万平方米，成交金额 193.93 亿元。其中商品住房成交 16780 套，成交面积 197.34 万平方米，成交金额 166.84 亿元。

襄阳全市范围内，东津新区占全市成交总套数的 24.37%；樊城区占全市成交总套数的 22.54%；高新开发区占全市成交总套数的 21.29%；襄城区占全市成交总套数的 8.62%；襄州区占全市成交总套数的 23.27%。

2017—2022 年襄阳市区土地供应和成交情况

年度话题

三大都市圈

都市圈概念解析

都市圈的产生与界定

都市圈的出现是城镇化发展到一定阶段的产物,是区域发展到高级阶段的空间组织形式。从世界各国的发展进程来看,当一个国家或地区城镇化率超过 50% 时,会逐渐步入工业化快速发展及经济繁荣时期。

与此同时,随着城镇化进程的加速,一些"大城市病"相继出现。从国际经验来看,解决这些"大城市病"的手段通常包括加强公共交通体系建设、对人口和产业进行合理化布局、推动区域间的合理分工和要素流动等,而都市圈的建设发展可以有效推动以上手段的实施。

通常来讲,都市圈是以一个或多个中心城市为核心,以发达的联系通道为依托,由核心城市及外围具有紧密经济和社会联系的、具有一体化倾向的城镇及地区构成的城市功能地域。

2019 年,《国家发展改革委关于培育发展现代化都市圈的指导意见》中明确了我国都市圈的概念:"都市圈是城市群内部以超大特大城市或辐射带动功能强的大城市为中心、以 1 小时通勤圈为基本范围的城镇化空间形态。"

对中国而言,都市圈的建设恰逢其时。一方面,近年来经济的集聚效应使得人口与产业不断向我国大城市汇集,一批地区级乃至国家级中心城市由此脱颖而出,但同时用地紧张、住房短缺、交通拥挤等"城市病"愈发严重。另一方面,从国家的宏观发展形势来看,经济下行的压力日渐突显,亟须寻找新的发展支撑点。

在这样的背景下,都市圈的建设有望给中国经济发展提供新的机遇。全球城市发展的实践证明,都市圈内经济和社会活动更加活跃,人口和资源流动更加频繁,城市功能的互补和产业的错位布局,可以形成具有国际竞争力的发展高地。

都市圈的形成条件及特征

都市圈的形成并非一蹴而就,而是经过产生、发展、壮大以及完善的过程形成的,具有明显的阶段性特点。借鉴国外发达国家的经验,结合我国都市圈发展的实际情况,经过长时间发展和演变的成熟都市圈一般具有以下特征。

■ 空间特征：核心圈层结构明显，且等级规模体系相对合理

都市圈通过中心城市的极化效应与扩散效应影响整个区域，通过各种经济流态将整个圈域连为一体，但这种联系的强度随着距离的延长呈现明显的衰减状态，因此，都市圈围绕中心城市呈现显著的核心圈层空间结构。

其中，中心城市必须具有较高的首位度，才能具有强大的经济辐射功能和经济吸引功能，成为区域经济的增长极。在与周围地区进行分工合作的基础上，中心城市以自身强大的经济实力带动周围地区社会经济的发展与区域一体化的形成。圈域内其他次中心城市和小城镇群体则结合区域分工和协作关系合理分布。

■ 功能特征：功能完善且独立性显著

都市圈一般是以城市为载体，圈域内各城市依靠区位优势和专业分工，通过竞争与协作的机制，将社会、经济密切地联系起来，形成合理的经济、社会职能分工，体现了各个城市与自身区位、规模、定位相适应的经济结构和城市功能，具有较强的一体化趋势。

都市圈内的人流、物流、信息流、资金流等各种生产要素存在着关联，通过顺畅的交通、通信网络，将互补性强的区域连接到都市圈内，使得圈内功能结构更加完备，各城市间的联系更加紧密。一般来说，都市圈的规模越大，其功能结构就越完整，独立性也越明显。

■ 交通特征：公共交通网络发达且联系紧密

都市圈发展的核心是要素的流动与优化分配，而交通基础设施网络建设则成为拉动要素流动的必要条件。交通网络体系的顺畅程度直接决定了都市圈内各城市与边缘区域间的紧密联系程度。

从国外都市圈发展情况看，高速公路、铁路、城市轨道交通等构成了都市圈空间结构的重要框架。以日本东京都市圈为例，其基本形成了以轨道交通为基础的交通体系，建设了以新干线为主的快速轨道交通网。东京都市圈目前约有3400km的铁路网络，每天担负6700万人次的旅客输送量，相当于日本轨道交通旅客运量的62%。

花湖机场

武汉站

都市圈相关政策梳理

随着都市圈发展建设的逐步深入和成熟，我国针对都市圈发展的政策路径逐渐清晰，系统性和战略性也不断增强。

■ 《国家新型城镇化规划（2014 — 2020 年）》

2014 年 3 月，中共中央、国务院印发的《国家新型城镇化规划（2014 — 2020 年）》中首次正式提出"推进中心城区功能向 1 小时交通圈地区扩散，培育形成通勤高效、一体发展的都市圈"，都市圈这一概念首次出现在国家级规划中。

■ 《关于培育发展现代化都市圈的指导意见》

2019 年 2 月，国家发展改革委出台《关于培育发展现代化都市圈的指导意见》，将都市圈作为我国城市群高质量发展、经济转型升级的重要抓手，这标志着都市圈发展从自下而上的地方自主实践进入国家引导与地方实践相结合的新时期。

■ 《中华人民共和国国民经济和社会发展第十四个五年规划和 2035 年远景目标纲要》

2021 年 3 月，《中华人民共和国国民经济和社会发展第十四个五年规划和 2035 年远景目标纲要》发布，提出"深入推进以人为核心的新型城镇化战略，以城市群、都市圈为依托促进大中小城市和小城镇协调联动"。

这是第一次明确将都市圈发展写进五年规划纲要，在国家发展层面将培育发展现代化都市圈作为推进新时期城镇化战略、完善城镇化空间格局的关键环节和促进区域协调发展、城乡统筹发展的重要抓手。

■ 深入推进东北振兴座谈会

2018 年 9 月，习近平总书记在深入推进东北振兴座谈会上首次提出"要培育发展现代化都市圈，加强重点区域和重点领域合作，形成东北地区协同开放合力"。

■ 《2022 年新型城镇化建设和城乡融合发展重点任务》

2022 年，国家发展改革委印发的《2022 年新型城镇化建设和城乡融合发展重点任务》连续四年将落实《关于培育发展现代化都市圈的指导意见》相关内容列为专项重点任务，将培育发展现代化都市圈作为完善高质量城镇化总体格局的关键环节。

2022 年，《2022 年新型城镇化建设和城乡融合发展重点任务》提出要健全省级统筹、中心城市牵头、周边城市协同的都市圈同城化推进机制；支持有条件的都市圈科学规划多层次轨道交通，统筹利用既有线与新线发展城际铁路和市域（郊）铁路，摸排打通国家公路和省级公路"瓶颈路"，打造 1 小时通勤圈；支持合作共建产业园区，促进教育医疗资源共享，健全重大突发事件联防联控机制；支持有条件的都市圈探索建立税收分享和经济统计分成机制。

我国都市圈建设的主要进展

■ 中心城市能级提升，各层级辐射带动增强

随着都市圈内经济社会一体化发展，都市圈中心城市在全国乃至全球城市体系中的地位也得到了稳步提升。从国内外多个研究机构的排名综合判断，北京、上海、广州、深圳等城市已经迅速进入全球一线城市梯队，成都、杭州、武汉、重庆等城市则跃迁至全球二线城市行列，其人口、经济、交通、创新等活动已经在全国范围内形成影响。

在高速铁路等新技术实现明显时空压缩效应的前提下，中心城市对都市圈内的辐射带动作用在自身能级提升的过程中进一步增强，与此同时，次中心城市也正逐步在次区域内发挥带动作用，与中小城镇、乡村地区形成更加紧密的经济、人口联系。

■ 交通体系建设完善，城市间要素流动加强

交通基础网络的建设一方面促进了都市圈空间结构的形成和演变，另一方面也实现了圈内城市间要素的高效流通。各都市圈不断推进区域一体化、站城融合、多层次立体交通网络建设，极大促进了区域紧密联系空间结构演化，中心城市、次中心城市、郊区等空间形态因交通体系的完善和通行效率的提升而不断拓展，逐渐形成了"1小时交通圈""2小时交通圈"等圈层空间结构。交通体系的完善也使得都市圈内各种人流、物流、资金流、信息流等相互交织在一起，城市间、企业间的经济往来效率得到提高，城市规模日益扩大，城市间人口流动也日益频繁。

■ 产业结构更加优化，分工协作促进经济增长

都市圈内城市间产业合作共生关系的建立有效推动了都市圈产业结构优化，也实现了产业链延伸各环节的有机联动、密切合作。越来越多的都市圈在共建产业集群、引入中心城市企业、产业链分工协作等方面有所实践，产业协同共建使得更多项目落地。

一方面坚持政府引导协调，诸多都市圈针对重点产业的发展及产业链的构建，编制出台了重点产业链协作发展的推进方案及政策意见；另一方面，多方力量参与，在市场机制的引导下，更多企业参与产业一体化构建进程，通过成立联盟、协会、商会等，共同建立合作园区、合作平台，促进都市圈产业协作。

■ 公共服务均等化程度提升，整体民生保障增强

都市圈公共服务均等化是都市圈协同发展的基础保障，目前我国主要都市圈在教育资源、医疗服务、社会保障均等化等方面已经积累了一定经验并展开了一系列有益探索。教育资源方面，依托中心城市优质教育资源，多个都市圈采取城市间兄弟学校合作办学、设立异地分校区、成立跨城市教育联盟等多形式推动都市圈内教育资源的均等化。医疗服务方面，跨城市共建医疗机构、医联体、医疗联盟等，稳步推动医疗服务在都市圈内均等化。社会保障方面，有都市圈已建立区域公共卫生监测预警和应急管理平台，加强区域应急指挥联动，也有都市圈已经实现圈内城市间公积金互通互认。

2022年湖北省三大都市圈建设情况

■ **以武鄂黄黄为核心的武汉都市圈：全力打造中国经济新增长极**

2022年，以武鄂黄黄为核心的武汉都市圈概念鲜明提出，成为湖北省加快建设全国构建新发展格局先行区的关键手段。

随着武汉都市圈持续深化创新协同、产业协作、市场联动、开放互动、服务共享，便捷、创新、开放、共享、绿色、活力现代化都市圈已现雏形。

武汉都市圈无疑是湖北"三大都市圈"的主引擎。《规划纲要》提出加快建设以武鄂黄黄为核心的武汉都市圈，支持武汉建设国家中心城市和国内国际双循环的枢纽，促进武鄂黄黄共担国际综合交通和物流枢纽、国家制造业中心、国家科技创新中心、专业性金融中心、国际交往中心职能，将武汉都市圈打造成为引领湖北、支撑中部、辐射全国、融入世界的重要增长极。武鄂黄黄经济总量超过2.5万亿元，接近全省的50%。随着城市能级的快速提升，武汉国家中心城市的地位日益稳固，科技创新策源、高端要素集聚、综合交通枢纽联通、对外开放交流等功能全面增强，对周边中小城市的辐射和溢出效应日益突显。

鄂州三江港

目前，武汉与周边8个城市都实现了高速公路网、高铁或城铁网连接。2022年7月17日，亚洲首座、中国唯一的航空货运枢纽鄂州花湖机场通航。2022年9月20日，武汉、鄂州、黄石、黄冈四市在武汉签署合作协议，重点推进长江中游航运中心提升工程、武鄂黄黄交通强链补链工程、航空客货运"双枢纽"建设工程、光谷科技创新大走廊建设工程、武汉都市圈要素市场化配置综合改革试点工程等十大工程。放眼武汉都市圈，越来越多的企业将总部、研发中心放在武汉，生产基地放在周边城市，四市将通过建设科创飞地、离岸科创园等，打造光电子信息、大健康、智能三大科技创新产业带。